Mon grand-père jardinait comme ça !

Tours de main, potions de santé et autres trucs de jardiniers

Direction de la publication
Isabelle Jeuge-Maynart et Ghislaine Stora

Direction éditoriale
Catherine Delprat

Édition
Marie Gazagne

Mise en pages
J²Graph

Couverture
Véronique Laporte

Fabrication
Geneviève Wittmann

ISBN 978-2-03-591976-2

Serge Schall

Mon grand-père jardinait comme ça !

Tours de main, potions de santé et autres trucs de jardiniers

PLANTER DES OIGNONS À CÔTÉ DES PENSÉES,
RÉCUPÉRER LES CENDRES DE LA CHEMINÉE, INSTALLER
UN FIL DE CUIVRE DANS SES TOMATES…

JE SÈME À TOUT VENT

LAROUSSE

21 rue du Montparnasse 75283 Paris Cedex 06

SOMMAIRE

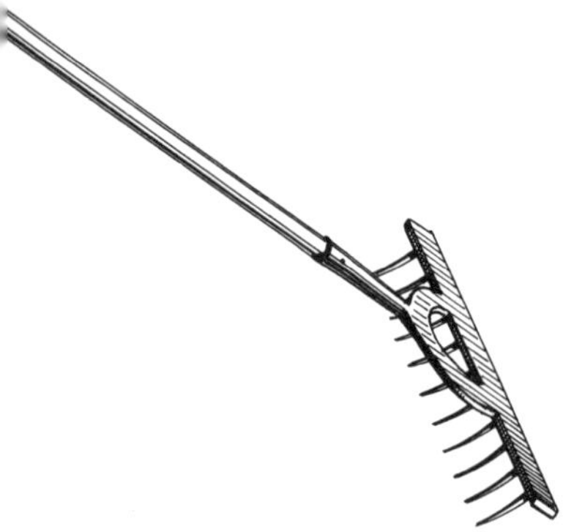

Les techniques de jardinage de mon grand-père

La rotation des cultures 7
Plantes amies et ennemies 9
Les astuces pour les semis 12
... Et pour la plantation 13
Les engrais verts 14
Purins et compagnie 16
Grand-père fait des vers 18
Le paillage, ça soulage 19

Les astuces de mon grand-père au potager

Des radis en folie 21
Réussir ses tomates 22
Une année de salades 24
Savez-vous planter les choux ? 26
L'aubergine, la belle chipie 27
Des poireaux tout beaux 28
Des betteraves en forme 29
Plus fort que l'épinard 30
Des carottes qui vous bottent 31
Des melons fort bons 32
Grand-papa ramène sa fraise 33
Les bonnes quantités à cultiver 34

Mon grand-père protège son jardin

De l'utilité des cendres........................... 38

La bouillie bordelaise........................... 39

Les insecticides maison........................... 40

Halte aux mauvaises herbes........................... 42

« S'tauper » les taupes!........................... 43

Le doryphore a la patate?........................... 44

La chasse aux pucerons........................... 45

Escargots et limaces : dehors!........................... 46

Contre la piéride du chou........................... 48

La mouche de l'oignon........................... 49

Le terrible ver du hanneton........................... 50

Le double visage du perce-oreille........................... 51

La pourriture grise........................... 52

Mon grand-père jardine malin

Une pharmacie au jardin........................... 54

Produire ses graines........................... 56

Des basilics parfumés........................... 58

Le hérisson, nettoyeur bio........................... 60

Insectes et papillons........................... 61

Jardiner avec la Lune........................... 62

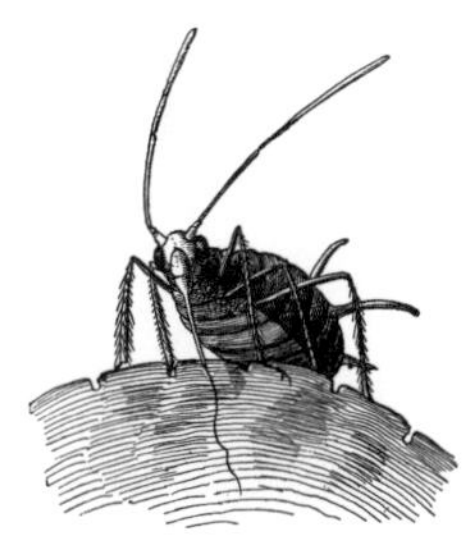

Chapitre 1

LES TECHNIQUES DE JARDINAGE DE MON GRAND-PÈRE

LA ROTATION DES CULTURES

Une fois les parcelles en place au potager, je n'ai jamais compris pourquoi mon grand-père prenait un malin plaisir à les changer sans cesse d'endroit. À croire qu'il voulait se compliquer la tâche ! Jusqu'à ce qu'il m'explique le principe de la rotation des cultures...

La danse des légumes : le procédé malin

▶ **Santé et nutrition.** Chaque légume a des besoins spécifiques en éléments minéraux et puise dans le sol ceux nécessaires à sa croissance. Si une espèce est toujours cultivée à la même place, il va se créer un **déséquilibre minéral.** Par ailleurs, chaque légume ou type de légume est attaqué par des parasites et des maladies qui lui sont propres. En le cultivant toujours sur la même parcelle, on favorise l'installation de **foyers infectieux.** Pour ces deux raisons, nutritionnelle et sanitaire, il faut toujours changer de place après une culture.

▶ **Enrichissement du sol.** L'alternance des espèces est bénéfique pour le sol. Les longues racines travaillent le sol en profondeur, tandis que les plantes à l'appareil racinaire superficiel aèrent la surface. De même, les prélèvements d'éléments minéraux se font sur toute la hauteur utile du sol, ce qui réduit les apports d'engrais. Certaines plantes enrichissent le sol par leur simple présence : les légumineuses (nous parlons de Fabacées désormais) dopent le sol en azote.

▶ **Les différents types de légumes.** Il est facile de les identifier. Les **légumes-feuilles** sont utilisés pour leurs feuilles (salades, épinard, bette, cresson...). Ils ont de gros besoins en azote. Les **légumes-racines** sont cultivés pour leur racine (carotte, radis, betterave...). On y ajoute les bulbes (ail, oignon...) et les tubercules (pomme de terre,

LE LÉGUME INCLASSABLE !

Une allure d'oignon mais des feuilles bien vertes, consommé à la fois pour son « vert » et pour la partie blanche poussant sous terre... Alors, le ***poireau****, légume-feuille ou légume-racine ? Les avis sont partagés dans les débats qui animent les potagers !*

BON À SAVOIR

Ce qu'ignorait mon grand-père, c'est la façon dont ses légumineuses (des Fabacées comme le haricot, la lentille, le pois, l'arachide, la luzerne, le trèfle, le soja) agissaient dans son potager ! Dans de petites protubérances placées sur leurs racines (visibles à l'œil nu – il suffit d'arracher un plant de pois ou de trèfle pour le constater) sont logées des bactéries qui ont la faculté de fixer l'azote atmosphérique. Il est donc nécessaire de bien aérer le sol pour favoriser les échanges gazeux au niveau des racines. L'azote gazeux est transformé en nitrates. Rejetés dans le sol, ils seront disponibles pour les plantes à venir.

L'ASSOLEMENT

Il s'agit du* DÉLAI MINIMUM *à respecter avant de cultiver un légume à la même place. Certains n'y sont pas soumis (pissenlit ou radis).

Ail : 5 ans
Aubergine : 5 ans
Betterave : 3 ans
Carotte : 4 ans
Céleri-branche : 4 ans
Concombre : 4 ans
Courgette : 3 ans
Échalote : 5 ans
Épinard : 4 ans
Haricot : 2 ans
Laitue : 2 ans
Melon : 4 ans
Navet : 4 ans
Oignon : 5 ans
Persil : 1 an
Poireau : 5 ans
Pois : 4 ans
Poivron : 3 ans
Pomme de terre : 4 ans
Tomate : 2 ans

topinambour...). Dans les **légumes-fruits**, on consomme le fruit (tomate, poivron, aubergine, melon...). Enfin, les **légumes-graines** nous intéressent pour leurs grains (fève, haricot, pois...).

Les règles de bonne conduite

► **Au suivant !** Il ne suffit pas de déménager les légumes au petit bonheur la chance ! La succession obéit à des règles de passage. Comme il faut attraper le cycle par un bout, commencez par diviser votre potager en **quatre parcelles.** Retenez alors l'ordre de passage pour qu'un type de légume chasse l'autre. Sur une parcelle, commencez par un **légume-graine,** il fournit l'azote pour le suivant, à savoir un **légume-feuille.** Lui-même est remplacé par un **légume-fruit,** suivi par un **légume-racine,** qui finit de tout prélever. Puis recommencez : le légume-graine du début passe sur la deuxième parcelle et ainsi de suite...

► **Conseil pour potagistes experts.** Quand vous maîtriserez la rotation des cultures, vous pourrez cultiver votre potager de manière encore plus fine, en faisant la distinction entre **légumes-racines** (carotte, panais, navet, radis...), **légumes-bulbes** (oignon, ail, échalote...) et **légumes-tubercules** (pomme de terre, crosne du Japon, topinambour...), ici cités dans leur ordre de passage (à la suite d'un légume-fruit).

► **Moderato sur le compost.** Vous serez souvent tenté d'épandre systématiquement du compost, surtout si vous êtes fier de l'avoir produit vous-même. Tenez compte des réels besoins des espèces potagères. Pas de compost pour l'ail, le chou de Bruxelles, le cresson, l'échalote, l'endive, l'oignon, la fève ou le radis. Une dose mesurée (de 1 à 3 kg/m²) pour la carotte, la chicorée, la laitue, le haricot, la poirée, le pissenlit ou le pois. Une quantité plus importante (de 3 à 4 kg/m²) pour l'aubergine, le cardon, le céleri, le chou-fleur et les choux, la courge, l'épinard, la tomate, le poivron ou la pomme de terre.

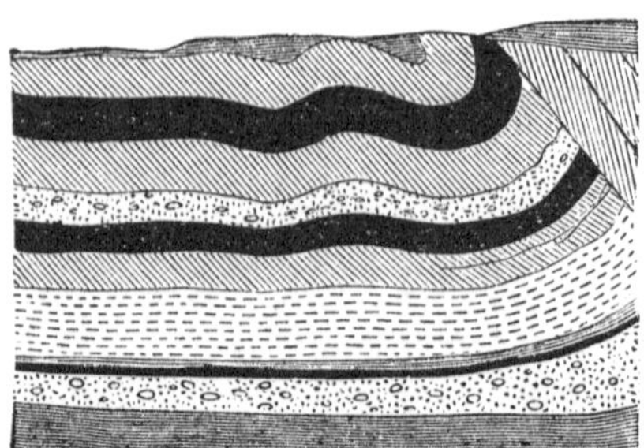

PLANTES AMIES ET ENNEMIES

Lorsque mon grand-père me disait que le poireau aimait les fraises ou qu'il fallait planter de la lavande au milieu des tomates, parce que son père le faisait déjà, je n'osais pas trop le contrarier, mais je n'en pensais pas moins ! Depuis, une partie du voile s'est levée sur l'empirisme du potager.

Petite leçon de choses

► **Les messages chimiques.** Les interactions entre les plantes ont déjà été démontrées et, depuis une trentaine d'années, on découvre encore un peu plus les moyens mis en œuvre par les végétaux pour communiquer entre eux. Le principal (mais non unique) est constitué de messages chimiques. Les plantes utilisent des composés volatils qui se diffusent dans l'air ambiant ou au niveau des racines. L'empirisme de grand-papa trouve donc des explications, même si on est loin d'avoir mis au jour tous les cas de figure.

► **Bonnes et mauvaises associations.** Certaines associations de plantes sont bénéfiques, au moins à l'une des deux, d'autres néfastes. Alors que des espèces ont un effet répulsif sur les insectes, d'autres ont, au contraire, un effet attractif. De même, certaines espèces excrètent des substances antibiotiques ou antigerminatives dans le sol. Sous un eucalyptus par exemple, rien ne pousse ! Une espèce peut par ailleurs altérer le goût d'une autre (êtes-vous tenté par un melon au goût de courge ?). Dans un autre ordre d'idée, il est prouvé que certains fruits accélèrent la maturation d'autres fruits placés dans un simple compotier (à cause de leur production d'éthylène). Si les interactions entre plantes existent bien, il reste à faire le grand tri dans les pratiques !

BON À SAVOIR

Presque toutes les **plantes aromatiques** ont un effet **répulsif** contre les insectes : lavande, hysope, thym, sarriette, sauge, basilic, romarin...

Les gardiens de la paix

► **Le raifort.** Planté au milieu des carrés de pommes de terre, il éloigne le doryphore.

► **La sarriette.** Lors des semis de haricots, plantez-en quelques pieds pour faire fuir les pucerons.

► **Le cerfeuil.** Il protège les salades et les légumes à feuilles en repoussant les limaces.

◄ *Raifort* ▼

PROTECTION RAPPROCHÉE DES ROSIERS

*L'*AIL *protège le rosier contre les taches noires et renforce le parfum des roses, qui ne prennent pas pour autant celui de la plante potagère. Pareillement, la* LAVANDE *fait fuir les pucerons qui se régalent des rosiers.*

▲ *Aneth*

► **La tomate et la carotte.** Leur association est un grand classique. La tomate, par sa forte odeur aromatique, fait fuir la mouche de la carotte, tandis que la carotte travaille le sol en profondeur pour la tomate.

► **La tomate et l'oignon.** Ils se protègent mutuellement de leurs mouches respectives.

► **La laitue.** En sa présence, les navets et les radis sont moins attaqués par les altises.

► **Le poireau.** Il protège la salade, en particulier la laitue, du mildiou.

Les mauvaises fréquentations

► **Le cresson.** Il est un mauvais voisin au jardin à cause de sa forte odeur poivrée. Seuls le fraisier, la tomate et le radis noir semblent s'en accommoder.

► **Les oignons.** Les composés soufrés présents dans leurs bulbes diminuent le développement des bactéries fixatrices d'azote et présentes dans les racines des pois, des fèves, des haricots, etc.

► **L'absinthe.** Elle doit être plantée au large, car elle est néfaste à de nombreuses plantes potagères. Il est toutefois utile de la cultiver pour préparer un purin efficace contre les insectes (voir p. 41) et comme vermifuge pour la santé.

► **L'aneth.** Bon insectifuge, il contrarie les semis, celui de la carotte en premier lieu.

UN CAS D'ÉCOLE : L'ŒILLET D'INDE

L'œillet d'Inde est la première plante dont le mode d'action a bénéficié d'une explication scientifique, jusqu'alors empirique. Les ***nématodes,*** *des vers microscopiques présents dans le sol, pénètrent par les racines et causent des dégâts dans toute la plante. Les racines d'œillet d'Inde produisent des* ***composés d'acides gras volatils*** *toxiques pour les œufs de nématodes. Aujourd'hui, plus de 200 espèces ont révélé de telles propriétés (souci, absinthe, gombo, arachide). Par ailleurs, cette plante repousse les aleurodes des concombres, les pucerons des aubergines et les altises qui s'en prennent aux choux.*

LES BONNES ET LES MAUVAISES ASSOCIATIONS

	ail	aubergine	carotte	chou	courgette	échalote	épinard	fève	fraisier	haricot	laitue	mâche	melon	menthe	navet	oignon	persil	poireau	pois	pomme de terre	radis	tomate
ail			✔						✔	✘	✔					✔		✔		✔		✔
aubergine				✔						✔										✘		
carotte	✔			✔						✔				✘		✔			✔		✔	✔
chou	✘	✔					✔		✘	✔									✔		✘	✔
courgette				✘									✘							✘		
échalote										✘									✘			
épinard				✔					✔	✔	✔								✔		✔	✔
fève											✔					✔				✔		
fraisier	✔			✘			✔			✔	✔					✔		✔				
haricot	✘	✔	✔			✘			✔		✔		✔	✔		✘		✘		✔	✔	✔
laitue	✔		✔	✔			✔	✔	✔	✔			✔		✔	✔		✔	✔		✔	✔
mâche																		✔				
melon					✘					✔	✔											
menthe																						
navet											✔											
oignon	✔		✔					✘		✘	✔								✘			✔
persil																			✘			✔
poireau	✔		✔				✔			✘		✔				✔			✔			✔
pois	✘		✔	✔		✘	✔			✘	✔					✘	✘	✘		✔	✔	✘
pomme de terre	✔	✘		✘	✘			✔	✔	✔	✔								✔			✔
radis			✔	✘			✔	✔	✔										✔			✔
tomate	✔		✔	✔						✔						✔	✔	✔	✘	✔	✔	✔

✔ : Bonne association

✘ : Mauvaise association

LES ASTUCES POUR LES SEMIS...

Tout commence par la graine, une étape un rien magique mais parfois délicate, même pour les jardiniers avertis. Alors autant connaître quelques petites astuces pour mettre toutes les chances de votre côté !

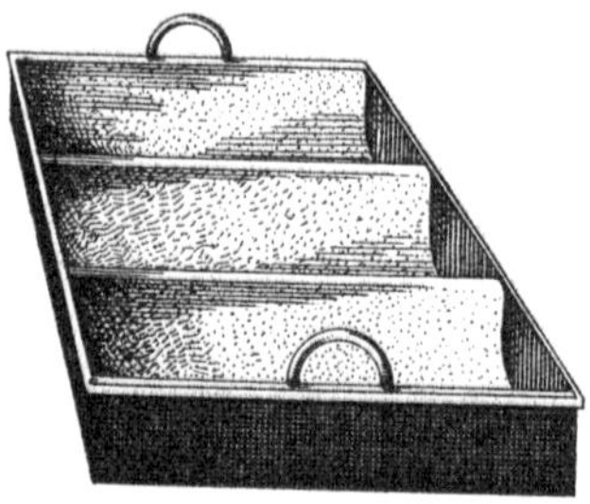

BON À SAVOIR

Les **fourmis** ne sont pas vraiment gênantes au jardin, sauf lorsqu'elles emportent sur leur dos les graines fraîchement semées. Quant aux maladies qu'elles transmettent, il ne faut pas s'en inquiéter plus que ça. Mais si vous tenez à les éloigner, déposez près du semis des moitiés de **citron** bien moisi, du **marc de café** ou des feuilles de **laurier-sauce,** leur odeur les fait fuir ! Vous pouvez également planter de la **menthe** ou de la **lavande,** ou encore arroser avec du **vinaigre blanc.**

Prenez-en de la graine

▶ **Persillage.** Cette pratique (qui ne concerne pas que les graines de persil !) a été oubliée par les nouveaux jardiniers. Certaines semences sont recouvertes naturellement par de petites barbes, comme de petites épines recourbées. Le persillage consiste à **frotter les graines** entre les mains pour les en débarrasser. Si cette astuce n'est pas nécessaire pour les semences du commerce, elle est utile pour les graines qu'on produit soi-même. Ainsi, elles se sèment de façon plus régulière et germent mieux.

▶ **Pour semer les graines fines.** Mélangez les semences de couleur noire avec du **sable** et les blanches avec du **marc de café**. D'un simple coup d'œil, vous pourrez juger de la régularité du semis.

▶ **Premier arrosage.** Pour ne pas chambouler les semis réalisés dans les pots et les terrines, utilisez un vaporisateur à main. À défaut, posez une feuille de **papier journal** aux bonnes dimensions et arrosez par-dessus. Une fois mouillé, le papier journal maintient la bonne humidité.

▶ **Testez vos graines.** Autrefois, pour éliminer les graines bruchées de haricots ou de pois (dont l'intérieur est dévoré par la larve de la bruche), on les trempait dans de l'eau. Les bonnes graines tombent au fond, les mauvaises flottent. Généralisez ce test facile sur toutes vos semences. Vous pouvez également vérifier leur vitalité en en déposant une dizaine dans une double épaisseur de papier essuie-tout humide. Laissez germer 1 à 2 semaines dans un endroit chaud (à 20 °C) pour estimer le pourcentage de germination.

▶ **Contre la fonte des semis.** Pour vous prémunir de cette maladie qui touche les semis avant leur levée, laissez tremper les graines une nuit dans une **décoction de prêle**, ou utilisez du **charbon**. Pour les semis, épandez des poussières de charbon de bois prélevées dans le fond du paquet de charbon, en vous aidant d'un tamis.

... ET POUR LA PLANTATION

On sème, on repique, on plante et ça pousse tout seul ! Du moins en théorie... Pour assurer ce résultat, il est bon de connaître quelques petites astuces pour donner un « coup de pousse » aux plantes !

Plantation : les trucs de grand-papa

▶ **Pas de mètre ?** Voici un mémo utile pour respecter les intervalles au moment de la plantation et des repiquages. De l'extrémité du pouce à celle de l'auriculaire, la distance est d'environ 20 cm. Entre l'index et le petit doigt maintenus écartés, elle est en moyenne de 12 cm.

▶ **Un bon fortifiant.** Au potager, déposez une bonne poignée d'**ortie** (toutes espèces) dans les trous des plants de tomates, d'aubergines, de poivrons et de légumes-fruits.

▶ **En attendant les beaux jours.** Pour donner un supplément de chaleur aux **salades**, plantez une **tuile** ou une plaque d'**ardoise** dans le sol : elle emmagasine la chaleur et la restitue par rayonnement. Placez-la côté nord, à 10-15 cm de la plante. Une astuce valable pour les jeunes plants de tomates.

▶ **Le pralinage.** Rien de tel pour la plantation des arbres et arbustes à racines nues ! Enrobez les racines par trempage dans un pralin. Les produits du commerce étant coûteux, une « bouillasse » de **terre argileuse** et de **compost** suffit !

Pour un jardin sain

▶ **L'eau de clous.** Une ancienne astuce pour lutter contre la chlorose ferrique (provoquée par une carence en fer) : entassez les vieux clous, les vis rouillées, les petits morceaux de ferraille dans une boîte en fer et laissez-les macérer en permanence recouverts d'eau. Pulvérisez sur le feuillage.

▶ **Adieu les taupins !** Leurs larves (des vers dodus orangés) dévorent les racines, notamment celles des salades. Confectionnez un piège facile : enfoncez des moitiés de **pomme de terre** dans le sol, elles servent d'appâts. Relevez les pièges tous les 3 à 5 jours pour détruire les indésirables.

▶ **Piégez la courtilière.** Avec ses mandibules, elle sectionne les racines des plants de légumes. Enterrez des pièges contenant de la **bière** au ras du sol et près du tas de compost.

UN PIED DANS LE TROU

Jadis, au moment de la plantation d'un arbre ou d'un grand arbuste, on avait pour habitude de déposer une CHAUSSURE *dans le fond du trou de plantation. Le cuir, en se décomposant, apportait un gain d'éléments nutritifs et les clous constituaient une source de fer. Évidemment, de nos jours, avec les baskets...*

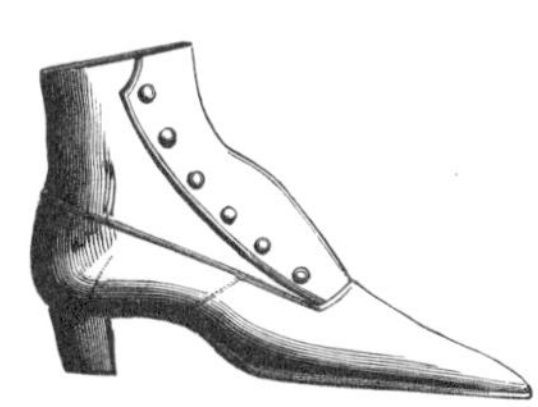

LES ENGRAIS VERTS

Quand mon grand-père m'a dit qu'il utilisait des engrais verts, j'ai cherché en vain des sacs de granulés de couleur verte dans sa cabane de jardin... Tout faux ! Il s'agit de plantes qu'il sème entre deux cultures pour ne pas laisser le sol sans couvert végétal.

Les grands principes

► **Point de nudité.** Ne jamais laisser une parcelle nue est un principe de base en jardinage. La terre subirait l'érosion des pluies, des vents, de la chaleur et des rayons du soleil. Les engrais verts sont donc en réalité des plantes qu'on cultive uniquement pour les enfouir en fin de culture.

► **Réserve de richesses.** Certaines plantes travaillent le sol en profondeur et l'ameublissent (fragmentent la terre et la rendent plus aérée) par leurs racines puissantes. D'autres enrichissent directement le sol en azote. C'est le cas des anciennes légumineuses (Fabacées) comme le trèfle, la luzerne, le fenugrec, la féverole... Toutes se décomposent dans le sol pour en reconstituer les réserves nutritionnelles.

► **La culture.** En automne, en hiver ou au début du printemps, semez à la volée simplement après avoir griffé le sol (inutile de bêcher). En fin de culture (avant les gelées selon la saison et aussi avant que les plantes ne produisent leurs graines), fauchez, laissez faner au sol quelques jours, puis passez la tondeuse ou la débroussailleuse pour hacher les semis. Enfin, enfouissez à faible profondeur, entre 10 et 15 cm.

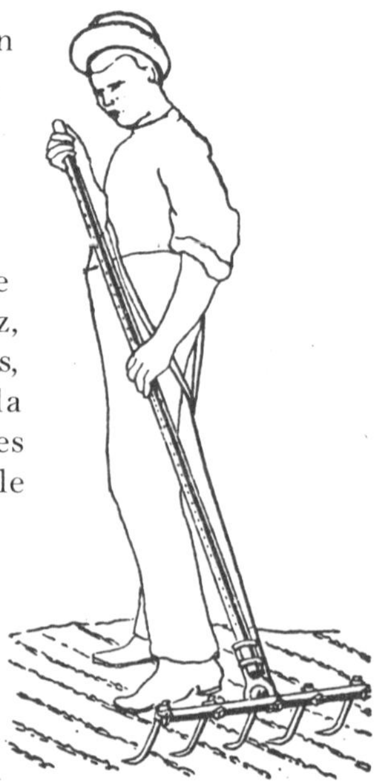

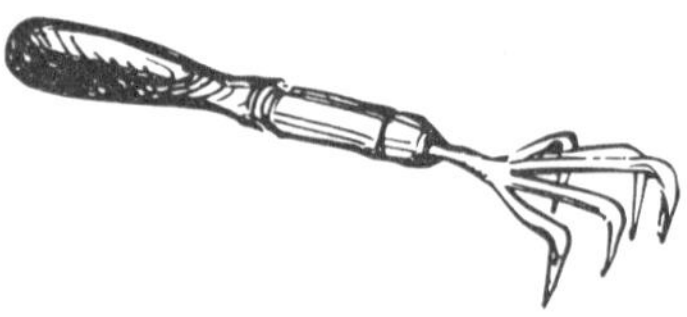

GAZON BÉNI

Le* RAY-GRASS *anglais semé au potager n'est pas fait pour se prélasser, au contraire. Vous pouvez le semer tardivement, entre août et octobre, à raison de 250 à 300 g pour 100 m². Il est idéal pour constituer un tapis dense qui protège la surface du sol et qui retient les éléments fertilisants. Le ray-grass d'Italie, qu'on associe souvent au trèfle violet, est indiqué pour les jachères longues, jusqu'à 18 mois. Pendant ce temps, il retient les fertilisants et protège le sol de l'érosion.

Les stars de la profession

▶ **La phacélie** *(Phacelia tanacetifolia)*. D'une grande vitesse de croissance, elle travaille le sol en profondeur et donne une grande masse de végétation. Par ailleurs, elle attire les papillons et les insectes butineurs. Semez de 100 à 150 g pour 100 m^2 entre avril et fin août. Laissez monter à fleurs et enfouissez entre les mois d'août et de février (elle résiste entre - 5 °C et - 8 °C).

▶ **Le mélilot** *(Melilotus officinalis)*. Plante très mellifère, elle enrichit le sol en azote et produit une grande quantité de végétation. Semez pour une culture de printemps ou d'hiver, à raison de 200 g pour 100 m^2, seul ou à parts égales associé à une graminée.

▶ **La luzerne** *(Medicago sativa)*. Elle enrichit le sol en azote et le travaille grâce à son système racinaire profond. Semez 250 g pour 100 m^2 entre mars et septembre. Évitez les sols lourds et humides où elle pousse mal. En revanche, elle résiste bien à la sécheresse dans les jardins du Midi. Il faut la couper avant la montée à graines, car elle a tendance à devenir envahissante.

▶ **Le fenugrec** *(Trigonella foenum-graecum)*. Il ressemble à la luzerne mais il pousse sur les sols secs et pauvres des pays méditerranéens ou dans les sols calcaires. Sa faible rusticité le cantonne aux régions chaudes. Il enrichit la terre en azote puisé dans l'air. Cultivez comme la luzerne, au printemps et en été, et enfouissez au bout de 3 mois.

▶ **Le colza fourrager** *(Brassica napus L.)*. Il évite le lessivage en profondeur de l'azote présent dans le sol, surtout après le passage d'une légumineuse. Ensuite, il travaille le sol en profondeur, car ses racines sont puissantes et ramifiées. Enfin, sa masse végétale décomposée alimente l'humus. Semez entre mars et août (son cycle est rapide), à raison de 150 à 200 g pour 100 m^2.

▶ **La navette** *(Brassica rapa L. ssp. oleifera)*. Sa vitesse de croissance, son abondante végétation et sa résistance à la sécheresse sont ses principales qualités, ce qui en fait un bon engrais dans le Sud. Elle est facile à faucher et riche en azote, qu'elle puise dans le sol pour le retenir, empêchant son lessivage. Semez en juillet-août pour une rotation rapide, à raison de 150 à 200 g pour 100 m^2.

BON À SAVOIR

Moins connu, le **tournesol** est également un bon engrais vert. On peut le semer en mars-avril ou faire une petite rotation en juillet. Le **sainfoin** (famille des Fabacées) présente les mêmes caractéristiques que les autres engrais verts de la même famille. On le connaît aussi sous le nom d'esparcette cultivée. Le **chou fourrager** vient en remplacement ou en complément de la navette. C'est également une Brassicacée, à semer au printemps.

PURINS ET COMPAGNIE

Mais keskipudontan ? Zazie semble avoir quitté son métro pour rejoindre le potager de mon grand-père. Le coupable ? Son purin d'ortie en pleine maturation ! Il l'a mis loin de la maison mais ne le fera pas abdiquer : ses préparations sont excellentes pour ses légumes. Prêle, consoude et ortie, le trio gagnant !

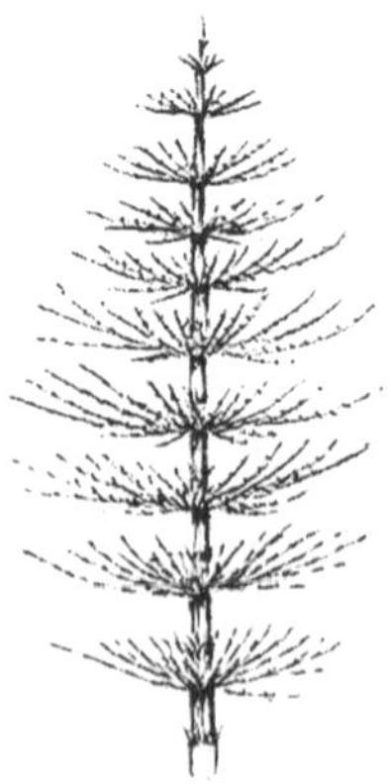

▲ *Prêle*

BON À SAVOIR

Le caractère abrasif des prêles est aussi mis à profit en **cosmétique.** Elles entrent dans la composition des gommages pour la peau, grasse en particulier. Autrefois, dans les campagnes, on plaçait un peu de prêle fraîche dans les sabots pour **atténuer la transpiration.**

L'extrait de prêle

La prêle *(Equisetum arvense)* est une plante commune très répandue dans les champs, sur les bords des chemins, des voies ferrées ou dans les milieux humides. Sa grande richesse en silice (mais aussi en calcium, en magnésium, en fer, en potassium et en manganèse) explique peut-être son mode d'action. En renforçant leurs parois cellulaires, elle rend les plantes moins vulnérables.

► **La recette.** Toutes les prêles sont utilisables (il en existe une vingtaine d'espèces), fraîches ou séchées. Récoltez de préférence entre début juin et mi-juillet, les pousses de l'année sont alors suffisamment développées mais surtout riches en silice. Faites une décoction de 100 g de prêle fraîche dans 1 litre d'eau. Portez à ébullition pendant 20 à 30 minutes. Filtrez et laissez bien refroidir. Diluez avant usage à raison de 1 volume de décoction pour 5 volumes d'eau.

► **Le mode d'emploi.** Les applications des préparations de prêle se font en arrosage ou en pulvérisation, dès que les plantes sont jeunes, pour les accompagner dans leur croissance. Le premier apport a lieu à la plantation, une fois par jour pendant les 3 premiers jours, puis régulièrement. Au verger, envisagez 4 ou 5 applications par saison, 1 apport par mois au potager. En respectant les indications d'usage, vous limiterez le développement du mildiou, de la tavelure, de la rouille, de la cloque ou de la moniliose, autant de maladies classiques au potager et au verger.

Le purin de consoude

La consoude *(Symphytum officinale)* se reconnaît à ses grandes feuilles. Les anciens jardiniers se contentaient de déposer des feuilles fanées ou de les enfouir au moment de la plantation. Vous pouvez remplacer cette pratique par l'usage de son purin.

Question de vocabulaire

*Mon grand-père prépare des infusions, des macérations, et il en arrose ses plantations ou les pulvérise sur ses légumes. Des engrais formidables, d'après lui ! Mais ils n'en sont pas. Ces recettes maison servent à renforcer les plantes et à les prémunir des attaques des parasites ou des maladies. Elles leur donnent un gain de vigueur pour affronter le gel ou la sécheresse. On doit parler de **« phytostimulants »** ou de **« biostimulants »**, de **« stimulateurs de défense »** ou, à la rigueur, **« d'éliciteurs »**. Ça a fait suffisamment de foin dans les potagers pour le préciser !*

▶ **La recette.** Laissez macérer 1 kg de jeunes feuilles fraîches dans 10 litres d'eau, de pluie de préférence, dans un seau en plastique (pas de contenant métallique !). Couvrez pour éviter les nuées de moucherons et de moustiques. Brassez une fois par semaine et filtrez au bout de 4 semaines. Transvasez le purin dans des bidons en plastique. Fermez et conservez à l'abri de la lumière et de la chaleur jusqu'à 3 semaines.

▶ **Le mode d'emploi.** Utilisez non dilué, à raison de 3 à 5 arrosages espacés de 3 semaines, entre mars et septembre. Le premier arrosage ne doit pas se faire avant les 15 jours suivant la plantation. Le purin est riche en azote, en oligo-éléments, notamment en bore et en potassium, il est donc indiqué pour les cultures fruitières et les légumes-fruits.

Le purin d'ortie

Pour fabriquer vous-même cet excellent engrais et antiparasitaire, toutes les espèces d'ortie conviennent.

▶ **La recette.** Faites macérer 1 kg de feuilles fraîches dans 10 litres d'eau pendant 12 à 15 jours. Il se produit une fermentation visible par la production de petites bulles qui remontent à la surface. Filtrez avant utilisation.

▶ **Le mode d'emploi.** Arrosez les cultures légumières toutes les 3 semaines, en diluant à 20 % (soit 2 litres de purin pour 8 litres d'eau). Sinon, utilisez en pulvérisation à 5 % (soit 50 cl de purin pour 9,5 litres d'eau).

LA PRÊLE DE VIGNE FAIT PESTER !

Les agriculteurs pestent contre cette plante* INDÉSIRABLE, *pratiquement impossible à éradiquer dans les vignes. Il fut un temps, cependant, où sa présence était signe de bon augure : « Queue-de-rat, du vin fera », la queue-de-rat étant l'un des nombreux noms vulgaires de la plante.

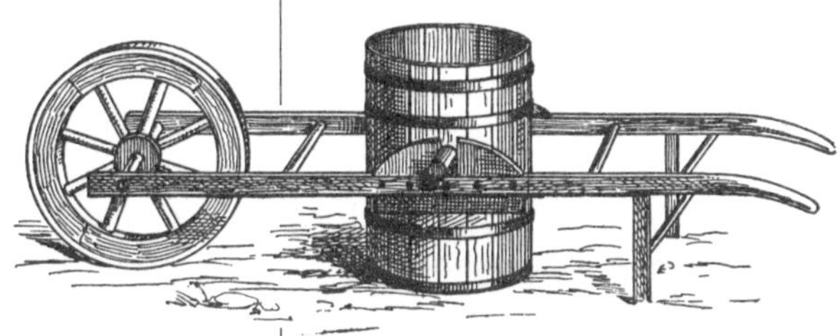

▲ *Récipient à purin monté sur brouette*

GRAND-PÈRE FAIT DES VERS

Autrefois (avant l'agriculture intensive !), les ingénieurs agronomes jaugeaient la fertilité d'un sol simplement en retournant une motte de terre et en visualisant le nombre de vers de terre qui s'y trouvaient. On n'a jamais trouvé meilleurs alliés pour la culture. Vite, vite, redécouvrons comment les faire venir au jardin !

1 + 1 = 1 !

Contrairement à une idée reçue, UN VER DE TERRE COUPÉ EN DEUX *ne donne pas deux vers de terre. Tout au plus peut-il réparer ses blessures pour en donner... un seul ! Mais la plupart du temps, il meurt, tout bêtement. Alors évitez de le blesser !*

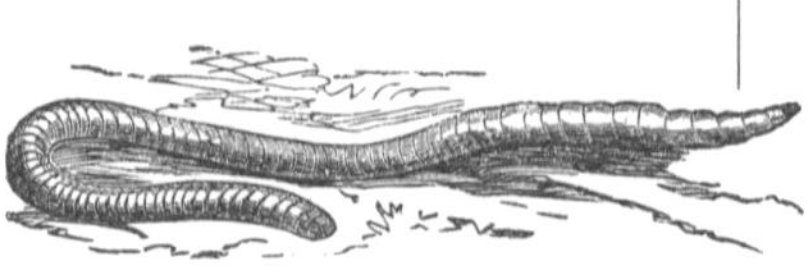

Travailleurs des galeries

Une bonne terre fertile abrite jusqu'à **400 kg de vers de terre par hectare,** une foule qui vit dans les 15 premiers centimètres du sol, qu'ils se chargent d'ameublir en permanence. Une aubaine, car c'est dans cette faible épaisseur que se limitent les racines de la plupart des plantes cultivées, exceptés les arbres ! Non contents de brasser toute cette terre, ils remontent à la surface leurs déjections. Ces **turricules** (petits tortillons) font un excellent fertilisant pour les plantes en pots. Récupérez-les délicatement.

Facile comme le compost

▶ **Un puits sans fond.** Les vers pullulent partout où la matière organique abonde. Si vous utilisez un composteur, évitez les modèles du commerce en matière plastique muni d'un fond plein. Préférez ceux sans fond, les vers de terre vont remonter tout seuls pour se repaître dans les déchets végétaux.

▶ **Le pourrissoir.** Si vous faites votre compost dans les règles de l'art, vous chargerez une bonne quantité de déchets en une seule fois (au moins 1 m^3). Il se produit alors un coup de chaleur en quelques jours (la température peut monter à 65 °C), ce qui n'est pas bon pour les vers. Ils arriveront plus tard, au frais. Mieux vaut donc laisser en permanence un « pourrissoir », un tas de déchets, dans un coin du jardin.

▶ **Pris au piège.** Capturez les vers pour alimenter votre petit élevage. De simples cartons mouillés posés au sol les attirent ; il reste à relever les « pièges » tous les 2 ou 3 jours.

LE PAILLAGE, ÇA SOULAGE

Soyons honnête, grand-père n'est pas le champion du rangement et du nettoyage ! En voyant son potager, on a parfois envie de donner un bon coup de râteau pour enlever tous ces déchets végétaux qu'il laisse au sol. « Crétin, c'est fait exprès ! » Oups, je retire ce que j'ai dit et je prends une belle leçon de paillage...

Mode d'emploi express

► **Pour quoi faire ?** Le paillage consiste à déposer une couche protectrice à la surface du sol, le paillis, faite de matériau naturel. Les deux principaux avantages du paillis sont de créer une zone d'humidité au pied des plantes, et donc de limiter les arrosages, et de protéger les racines et la base des végétaux des effets du froid. Mais il a d'autres qualités : empêcher la levée de mauvaises herbes, favoriser la vie dans le sol, alimenter l'humus en se décomposant lentement...

► **Un paillis maison.** Utilisez tout matériau **végétal** du moment qu'il est sain : paille, paillettes de lin ou de chanvre, feuilles mortes, écorces, brindilles... Évitez toutefois les copeaux de bois récupérés chez un menuisier, ils sont généralement traités. De plus, leur décomposition consomme beaucoup d'azote et appauvrit le sol.

► **Quand pailler ?** À tout moment mais surtout à l'approche de l'hiver, pour protéger du froid, et à l'arrivée de l'été, pour faire des économies d'eau. De manière générale, paillez le plus souvent et le plus longtemps possible pour ne pas laisser le sol nu. Pailler, ça revient un peu à poser une moquette : le sol est ainsi protégé des vents, des fortes pluies et des rayons brûlants du soleil.

► **La bonne méthode.** Débarrassez le terrain des mauvaises herbes tenaces (chiendent, liseron, etc.) qui pourraient passer au travers du paillage. Arrosez la terre avant de pailler, une terre sèche risquerait de le rester après la pose du paillage. Fertilisez légèrement avant la pose du paillis avec 1 kg/m² de compost pour amorcer la décomposition du paillis.

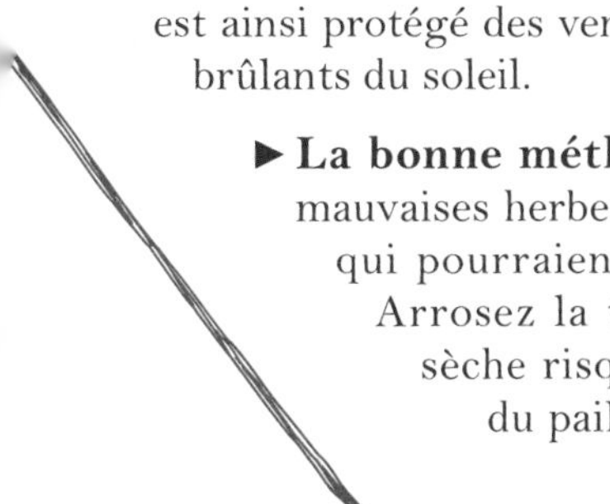

BON À SAVOIR

Tous les déchets du jardin passés dans un broyeur fournissent un excellent paillis. Un jardin de 500 à 600 m² est assuré de ne jamais manquer de matière première. Quant aux esthètes, ils pourront y ajouter des déchets de **fèves de cacao** (ça sent bon!) ou des **paillages décoratifs,** colorés par des pigments inoffensifs, en bleu, rose, jaune, etc.

Chapitre 2

LES ASTUCES DE MON GRAND-PÈRE AU POTAGER

DES RADIS EN FOLIE

La culture du radis est facile, paraît-il ! À tel point que le semis de cette sympathique racine est l'un des premiers gestes que l'on transmet aux enfants apprentis jardiniers. Et pourtant, elle n'est pas réussie à tous les coups ! Mieux vaut connaître les deux ou trois trucs de mon grand-père...

Des semis réussis

▶ **Avant le semis.** Préparez le sol par un léger griffage et épandez une fine couche de cendres de bois ; sa potasse fait les belles racines.

▶ **À bonne distance.** Sans indication, il est d'usage de semer toute graine à une profondeur de 2 à 3 fois son diamètre. Sauf pour les radis ! Les variétés à racines rondes se sèment en surface et sont juste recouvertes de terre tassée. Celles à racines longues sont semées à 2 cm de profondeur.

▶ **Un œil sur le thermomètre.** Si la température est inférieure à 12 °C, la levée du semis est très irrégulière, disparate, et la croissance lente. Mais par forte chaleur (à partir de juin), c'est l'inverse. Ombrez les carrés de radis par un paillon en milieu de journée.

Sus aux ennemis !

▶ **Les escargots et les limaces.** Pour empêcher le cheminement des principaux ennemis des radis, dressez une barrière autour des semis réalisée à base de **cendre de bois,** de **sciure,** de **verre pilé** (avant d'en venir aux granulés !).

▶ **La mouche.** « Je vois… je vois que la mouche risque de s'en prendre à mes semis de radis », disent les anciens jardiniers qui semblent lire dans le **marc de café.** C'est pour la tenir éloignée qu'ils parsèment les radis de ce sous-produit du breuvage tant apprécié.

▶ **La puce de terre.** Voilà un joli petit nom derrière lequel se cache l'altise. On décèle sa présence aux petits trous qui perforent les feuilles. Pour vous en prémunir, plantez de la **tanaisie,** de la **moutarde blanche** ou de la **vesce** près des radis.

SEMEZ MALIN !

Mélangez des semences de* RADIS *à celles de* CAROTTES *et semez le tout dans une même ligne. Les radis se développent en 1 mois environ. Une fois récoltés, ils laissent la place disponible pour la croissance des carottes. Et si vous ne trouvez pas de mélange de ces deux espèces potagères tout prêt dans le commerce, c'est affaire de législation qui l'autorise seulement pour le mesclun !

RÉUSSIR SES TOMATES

Pendant des siècles, la tomate a eu une réputation diabolique (son nom latin signifie d'ailleurs « pêche de loup ») ! Il a fallu attendre la fin du XIXe siècle pour qu'elle entre au catalogue des plantes potagères.

Les clés du succès pour les semis

▶ **Le papier journal.** La levée du semis doit être rapide et régulière (en 8 à 10 jours), elle ne supporte pas d'à-coups. Placez une feuille de papier journal mouillé sur la terre des semis pour maintenir la bonne humidité en permanence.

▶ **Faites des pots.** Évitez le plus possible les manipulations des jeunes plants de tomates, ils sont fragiles ! Mon grand-père faisait des pots de semis avec de **vieux journaux,** en enroulant une double feuille autour du manche de sa pioche pour les former et en refermant la base. Désormais, des dispositifs équivalents sont disponibles à la vente. Avec l'eau, après plantation, le papier se délite tout seul. De la même façon, utilisez les **godets de tourbe compressée,** biodégradables, pour ménager les jeunes racines.

▶ **Ne les laissez pas « filer ».** Dès que les deux cotylédons allongés (feuilles) sont bien visibles, repiquez sans attendre, sinon ils s'étiolent et sont irrécupérables. Soulevez les plantules délicatement avec une fourchette pour les manipuler sans endommager les racines.

Une plantation de champion

▶ **Patience !** Attendez le « fleurissement » de la terre. Le démarrage des graines des « mauvaises herbes » annonce le retour des conditions favorables pour planter vos tomates. Soulevez une motte de terre et observez si les graines montrent leur germe.

▶ **De travers.** À la plantation, **inclinez légèrement** les plants et enterrez la base de la tige jusqu'aux premières feuilles. Dans cette zone se développeront des nouvelles racines et les plants seront plus vigoureux.

▶ **De la chaleur.** Il en faut de la plantation à la récolte. De part et d'autres des plantes, déposez des **tuiles de terre cuite.** Elles emmagasinent la chaleur et la restituent (surtout la nuit).

BON À SAVOIR

Ayant les yeux plus gros que le ventre, on a souvent tendance à planter trop de tomates. Aussi, pour une famille de 4 personnes, plantez une **dizaine de pieds** (le double dans le Midi ou si vous envisagez de faire des conserves et des coulis). Sinon, tranchez en cultivant **8 pieds** de variétés pour **tous usages, 3 pieds** de **curiosités** et **3 pieds** pour l'**apéritif.**

▶ **Pas d'effeuillage trop important !** Supprimer des feuilles pour faire mûrir les tomates (en dehors du Sud) est une mauvaise habitude si l'on va trop loin. Les feuilles exercent une fonction nourricière pour les fruits ! Contentez-vous d'ôter celles du bas.

Des tomates saines et sauves

▶ **Avec un fil de cuivre.** Les vieux jardiniers l'utilisaient pour protéger leurs tomates du **mildiou.** Brûlez la surface d'un fil de cuivre pour le débarrasser de la fine couche de vernis qui le recouvre, puis fichez-le au travers de la tige, à sa base, légèrement en dessous de la surface pour que l'humidité de la terre l'oxyde. Plus pratique encore, remplacez les bons vieux tuteurs en châtaignier par leurs équivalents en cuivre, plus onéreux mais efficaces !

▶ **Avec de la bouillie bordelaise.** Pour lutter contre les chenilles de la **noctuelle,** pulvérisez de la bouillie bordelaise au début du printemps, où elle se montre la plus active. Effet répulsif garanti !

▶ **Avec des aromates.** Pour éloigner les insectes, à commencer par la **mouche blanche,** plantez des pieds de **ciboulette,** de **thym,** de **persil** et d'**oignon** entre les plants de tomates. Complétez par quelques **capucines.** À l'inverse des précédents, elles attirent les indésirables et les détournent des cultures potagères.

▶ **Œil pour œil...** Plantez des **œillets d'Inde** en bout de rangées de tomates et entre les pieds, à raison de 2 plants pour 6 plants de tomates. Ils détruisent les **nématodes,** de petits vers microscopiques pathogènes présents dans le sol.

INSECTICIDE MAISON !

Tout au long de la culture, vous devez supprimer les rejets de tomates, de petites pousses axillaires qui sont inutiles. Mais ne les jetez pas ! Avec quelques feuilles saines de plus, fabriquez un insecticide. Laissez macérer ***1 kg de feuilles et de tiges feuillées*** *dans 10 litres d'eau pendant 3 jours. Filtrez et utilisez en pulvérisation, sans diluer, contre les pucerons, les altises, la piéride du chou et en prévention contre la teigne du poireau.*

DE LA TOMATE AU MÈTRE

Du temps de mon grand-père, ce procédé n'existait pas. Pour une fois, je vais pouvoir lui apprendre quelque chose ! Le semis des tomates est délicat, et plus précisément l'étape du dédoublement des plantules et du repiquage. Semez **DES RUBANS OU DES TAPIS DE GRAINES :** ***les graines sont déjà distancées et emprisonnées dans une double épaisseur de papier. Déposez sur le terreau, couvrez d'une fine couche et tassez légèrement. Arrosez en pluie fine et, 8 jours plus tard, les plantules sortent, bien différenciées et à bonne distance les unes des autres !***

UNE ANNÉE DE SALADES

Manger toute l'année des salades du jardin, c'est affaire de spécialiste ! Le tour de force repose sur la maîtrise du calendrier des semis. Après des années d'essais, mon grand-père, généreux comme je le connais, vous livre le sien. La moitié du travail est faite...

▲ *Laitue*

BON À SAVOIR

La plupart des salades germent mieux à une température modérée, **entre 12 et 15 °C** pour un résultat optimal. En été, gare à la montaison provoquée par un excès de chaleur ! Vous pouvez l'éviter partiellement par des **arrosages suivis.**

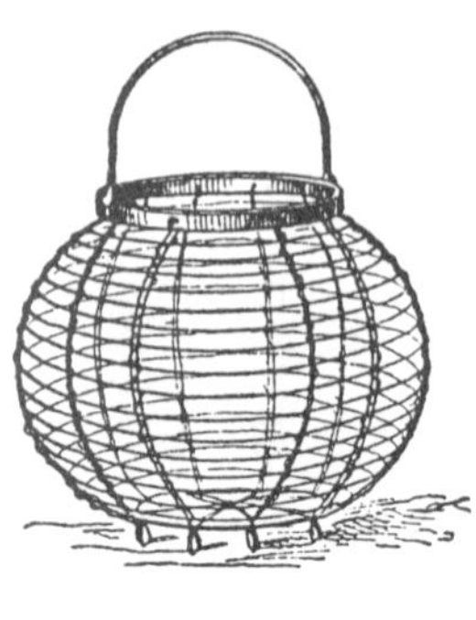

La valse des saisons

► **En février-mars : les laitues pommées de printemps.** Semez clair sous châssis, en pépinière bien exposée ou directement sous tunnel en plastique. **La récolte :** environ 2 mois après le semis. **La variété conseillée :** 'Reine de mai de pleine terre', une laitue vigoureuse, à pomme moyenne, verte, légèrement teintée de rouge.

► **De mars à juin. : les laitues pommées d'été et d'automne.** Semez en pépinière ou directement en place et éclaircissez. **La récolte :** de 2 à 2,5 mois après le semis. **La variété conseillée :** 'Appia', une belle laitue volumineuse aux feuilles lisses et croquantes, qu'on peut anticiper pour une culture de printemps également.

► **De mars à août : les laitues à couper.** Semez en place, en carrés ou en lignes, distantes de 20 cm. Éclaircissez et consommez les jeunes plançons. **La récolte :** récoltez au fur et à mesure, l'éclaircissage se poursuit ainsi. **La variété conseillée :** le 'Mesclun'. Ce n'est pas une variété au sens exact du terme mais un mélange de salades dont la composition est variable.

► **D'avril à août : les chicorées.** Semez la chicorée sauvage en place, puis éclaircissez au stade 6 ou 7 feuilles, en laissant 15 cm entre deux plants. **La récolte :** de 6 à 8 mois après le semis, selon le type de chicorée. **Les variétés conseillées :** 'Pain de sucre', pour sa belle forme allongée, et les rouges italiennes comme 'Rouge de Trévise', 'Rouge de Vérone' ou 'Variegata di Castelfranco', à feuillage tacheté de blanc crème.

► **De juin à mi-juillet : les chicorées frisées et scaroles.** Semez en place et repiquez lorsque les plants ont quelques feuilles, en laissant 30 cm entre deux salades. **La récolte :** 3 mois après le semis. **Les variétés conseillées :** 'Fine de Louviers' pour les frisées, une bonne variété classique à feuillage fin qui résiste à la chaleur. Précoce, on peut la démarrer dès avril-mai. Pour les scaroles, 'Géante maraîchère', à pomme serrée et au feuillage généreux, vert blond, blanchissant facilement. On peut la prolonger en réalisant des semis en août.

▶ **De juillet à septembre : la mâche.** Semez en rayons distants de 20 à 25 cm. Lorsque les plants ont 4 ou 5 feuilles, éclaircissez si le semis a été trop dense. Faites un second semis en septembre-octobre pour échelonner les productions. **La récolte :** 3 mois après le semis et se poursuit tout l'hiver, éventuellement avec un paillage de protection dans les régions les plus froides. **La variété conseillée :** 'Verte à cœur plein' pour ses rosettes compactes. Elle résiste bien au froid.

▶ **En août-septembre : les laitues pommées d'hiver.** Semez en pépinière, puis repiquez dans des lignes distantes de 25 cm, à 15 cm sur le rang. **La récolte :** de 7 à 8 mois après le semis. **Les variétés conseillées :** 'Merveille d'hiver' à très grosse pomme verte marquée de rouge-brun, résistante au froid, et 'Passion brune', très rustique, dont la pomme se forme en fin d'hiver, à feuilles cloquées teintées de rouge.

▶ **En septembre-octobre : les laitues pommées de printemps forcées.** Semez sous châssis froid ou en pépinière bien abritée. Repiquez sous châssis froid, puis repiquez sur couche chaude au cours de l'hiver, en laissant 20 cm en tous sens. **La récolte :** de 2 à 2,5 mois suivant le semis. **La variété conseillée :** 'Gotte jaune d'or'. Elle est de petite taille mais pousse suffisamment rapidement pour ce type de culture.

Deux stars détox

▶ **Le pissenlit.** Entre mars et juin, semez-le en place dans des lignes distantes de 20 à 30 cm, éclaircissez lorsque les plants ont quelques feuilles pour laisser de 10 à 12 cm sur le rang. **La récolte :** environ 10 à 12 mois plus tard, à la sortie de l'hiver. **Les variétés conseillées :** 'Amélioré à cœur plein' et 'Amélioré de Montmagny'.

▶ **Le pourpier.** Entre mai et juillet, semez-le en place en carré à la volée ou en lignes distantes de 25 cm. Complétez par un semis entre janvier et mars, sur couche chaude, pour une production de début de printemps. **La récolte :** 2,5 mois après le semis. **Les variétés conseillées :** le pourpier à feuilles vertes, le plus classique, et 'Pourpier doré' ou 'Doré à larges feuilles' pour varier les plaisirs.

▲ *Batavia*

LA ROMAINE A DU CROQUANT

De mars à juin, semez les romaines en pépinière ou en place et repiquez ou éclaircissez à 25 cm en tous sens.* LA RÉCOLTE : *de 6 à 8 semaines après le semis.* LA VARIÉTÉ CONSEILLÉE : *'Riva', avec sa pomme bien allongée, elle est résistante aux virus.

▲ *Pissenlit*

SAVEZ-VOUS PLANTER LES CHOUX ?

A priori, la tâche est facile. Ce qui l'est moins, c'est de les amener jusqu'au bout de la culture sans encombre. Mieux vaut connaître quelques conseils de vieux jardiniers !

UN BON VOISIN

Le chou accepte de bien pousser à proximité de la tomate, du céleri, de la betterave, du pois, de la mâche, de la laitue, de la pomme de terre, de l'oignon, du haricot, du concombre et de bien d'autres. En revanche, il faut l'éloigner des rangs de fraisiers. Pour le protéger, plantez toutes les plantes aromatiques possibles. Enfin, au printemps, semez un peu de trèfle blanc entre les rangs; il apportera un gain d'azote favorable au chou.

OPÉRATION CAMOUFLAGE

Coupez quelques **tiges feuillées de tomate** *pour les disposer directement sur les choux. La forte odeur de la tomate masquerait celle aussi prégnante du chou et servirait de « camouflage olfactif » pour les insectes.*

Question d'hygiène

▶ **Pulvérisez.** La chenille de la piéride (papillon) du chou est LA calamité. Les vieux jardiniers ramassaient les premières au printemps, les écrasaient et les diluaient dans de l'eau, puis pulvérisaient cette préparation, qui semble tenir les autres chenilles à l'écart.

▶ **Attesté ou à tester ?** Pour protéger les plantules de la fonte des semis, les anciens enrobent les graines de chou ou les saupoudrent de **charbon de bois** finement pilé, de **suie** ou de **marc de café.**

▶ **Buttez.** Contrariez la mouche à partir de mai en buttant la base des choux (ramener de la terre à la base d'une plante), car c'est au niveau du collet qu'elle pond.

Pour des choux costauds

▶ **Séchez.** Laissez sécher les plants au sol pendant 1 ou 2 jours avant de les repiquer. Il semble que ce traitement évite une montée à graines prématurée. Pendant cette opération, pensez à les protéger des limaces et des escargots.

▶ **Tournez.** Lorsque vos plants de chou ont 4 feuilles, soulevez-les délicatement avec un plantoir, sans les déraciner, et remettez-les en place. Ainsi l'appareil racinaire est plus abondant.

▶ **Éliminez les borgnes.** Chez quelques plants de chou on note l'absence du bourgeon central. Supprimez-les avant le repiquage, car ils n'ont aucun avenir.

▶ **Pralinez.** Au moment du repiquage, pralinez les racines (enrobez) des plants dans un mélange boueux de terre et de compost pour une meilleure reprise.

L'AUBERGINE, LA BELLE CHIPIE

Si vous appréciez l'aubergine, sachez qu'une foule de parasites et de maladies vous concurrence... Et il faut toutes les astuces de grand-père pour en venir à bout, car une grosse dose de chaleur ne suffit pas toujours à récolter de beaux et bons fruits !

Pulvérisez les indésirables

▶ **L'oïdium.** Ce champignon est présent tous les ans sur les cucurbitacées du potager (courgette, melon, courge, etc.) avec plus ou moins d'intensité. Comme il faut les traiter avec une **pulvérisation de soufre,** faites de même sur les plants d'aubergine, même si vous ne constatez pas de symptômes.

▶ **Le mildiou.** Pulvérisez les aubergines de **purin de prêle** tous les mois. Ainsi renforcées, les plantes seront moins exposées au mildiou.

▶ **Les araignées rouges.** Elles peuvent pulluler dans la partie nord du pays, où l'aubergine est cultivée sous abri. Comme elles redoutent l'humidité, arrosez abondamment les plants, toujours au pied, sans mouiller le feuillage (sinon l'oïdium se développe). Ailleurs, pulvérisez un **purin d'ortie** additionné de **savon noir** avant la pullulation, en insistant sous les feuilles.

L'aubergine prend la mouche

▶ **Au frais !** Pour éviter une levée capricieuse des semis, placez les graines dans le bac à légumes du réfrigérateur, à 4 ou 5 °C, pendant les 4 à 6 jours précédant le semis.

▶ **Les plantes alliées.** Secouez légèrement les plants : si vous observez des vols de petites mouches blanches, c'est que les aleurodes se sont invités (une constante chez toutes les Solanacées, comme la pomme de terre, la tomate, etc.). Plantez du **basilic,** du **thym,** de la **lavande** ou de la **tanaisie** entre les rangs d'aubergines pour les tenir éloignés.

▶ **En cercle restreint.** Soyez moins gourmands sur les récoltes ou plantez davantage de pieds et laissez peu de fruits par plant. Pincez une première fois au-dessus de la deuxième fleur pour laisser pousser 3 ou 4 rameaux, puis une deuxième fois de la même façon pour conserver au maximum 8 fleurs. Vous récolterez moins de fruits, mais ils seront plus beaux !

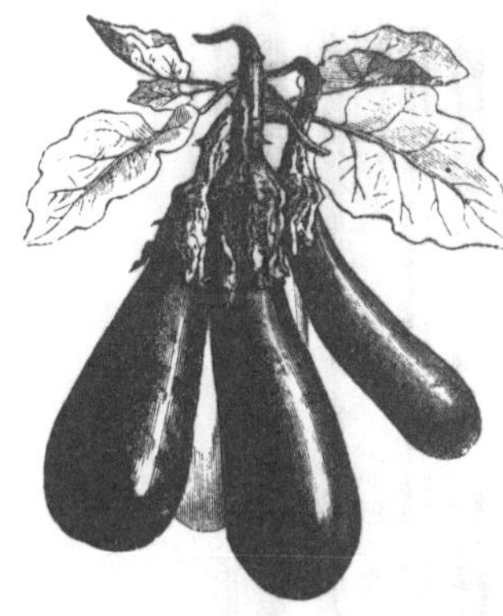

BON À SAVOIR

Les aubergines de forme **allongée** sont généralement meilleures que les rondes, car leur chair est moins abondante, elle renferme moins de graines et elle est plus moelleuse. Et pour toutes les variétés, cueillez des **fruits jeunes,** ne les laissez pas trop grossir (comme pour les courgettes) !

DES POIREAUX TOUT BEAUX

Des poireaux presque toute l'année au potager ? Tout est une question de méthode ! En apparence simple, cette culture emblématique ne va pas de soi et rencontre surtout des problèmes sanitaires. Mais les parades sont nombreuses !

À LA BAGUETTE !

Intercalez une culture de POIREAUX-BAGUETTES, une production originale. Semez en août pour un repiquage 3 semaines plus tard et une récolte, au printemps suivant, de petits poireaux du diamètre du petit doigt. À savourer à la vinaigrette comme des asperges. Un petit régal !

Une bonne intendance

► **Rentabilité.** Les semis lèvent lentement, puis les plants poussent tranquillement. Comme pour les carottes, semez une culture de radis en même temps, ils seront récoltés en moins d'un mois et laisseront la place aux poireaux.

► **Gain de place.** Les poireaux ont un feuillage important, notamment les variétés à gros développement. Comme ils poussent en éventail, repiquez la face plate perpendiculairement à l'axe du sillon pour gagner un peu de place.

Des poireaux fiers et forts

► **La main légère sur les engrais.** Pas de **fumure** (apport de fumier ou d'engrais) avant le repiquage, tout au plus un coup de pouce pour la reprise en arrosant une fois avec du **purin d'ortie** au repiquage, puis plus rien ! En septembre, aucun engrais pour les poireaux d'hiver, ils seraient plus sensibles au froid !

► **Sus au ver !** Faites tremper les plants à repiquer dans des **décoctions de plantes** comme l'absinthe, la tanaisie, la tomate, la rhubarbe ou la prêle. Utilisez ces mêmes préparations pour des pulvérisations tous les 15 jours. Évitez l'ail, il dénature le goût du poireau. Par ailleurs, avant le repiquage, les anciens laissaient les plants de poireau de 1 à 3 jours au sol en plein soleil pour les endurcir. Ils étaient moins sensibles au ver.

► **Le repiquage.** Ne repiquez pas trop profondément les plants pour éviter le développement de pourritures, quitte à les butter un mois plus tard (ramener de la terre à leur base).

► **Contre la teigne.** Pour la piéger, plantez des baguettes de 15 cm de haut entre les rangs, sur lesquelles vous poserez des moitiés de coquille d'œuf. Les parasites viennent s'y loger, il ne reste plus qu'à les détruire !

DES BETTERAVES EN FORME

La betterave, c'est comme un gros radis, et sa culture est un jeu d'enfants ! Sauf quand tout commence à aller de travers, surtout à cause des parasites... Là, il faut sortir la boîte à trucs de grand-père.

Les ficelles de grand-papa pour les semis

► **Germination capricieuse.** Pour favoriser la levée des semis, laissez-les tremper une nuit dans de l'**eau tiède** ou, mieux, dans une **infusion de camomille.**

► **Faites parler la poudre.** Parmi les multiples produits placés au fond des sillons pour protéger les jeunes plants des parasites, testez le **marc de café,** la **suie,** la **cendre de bois.**

► **Mettez votre grain de sel.** Avant les semis, les anciens jardiniers avaient coutume de jeter au sol des poignées généreuses de **gros sel** (de 2 à 3 kg/m²). Une pratique censée favoriser le départ des jeunes plants.

Idées futées contre les parasites

► **Éloignez l'altise.** Cette « puce de terre » est une petite saleté de 2 mm qui perfore les feuilles, surtout en été lors de la période sèche. Pour la tenir à l'écart, plusieurs solutions :

• **Les plantes répulsives.** Plantez l'**absinthe,** le **cresson alénois,** la **sarriette,** le **romarin** et la **tomate.** Vous pouvez aussi déposer des **rameaux de sureau** desséchés. En automne, placez une épaisseur de **paille** au sol, les formes adultes s'y réfugient, et brûlez le tout en prévision des semis de printemps.

• **Recette maison.** Plongez 100 g de **thym,** de **laurier-sauce** ou d'**hysope** et 100 g de **tabac** dans 1 litre d'eau. Portez à ébullition et laissez infuser et refroidir pendant 24 heures. Filtrez et ajoutez 100 g de **savon noir.** Pulvérisez cette préparation le soir ou tôt le matin, en l'absence du soleil.

► **Contrariez la chenille.** Celle du silphe opaque, friande des betteraves en fin de culture, dévore le collet. Les anciens jardiniers avaient le désherbage très sélectif. Ils laissaient en place les **chénopodes,** de mauvaises herbes courantes, dans tous les jardins. Toutes les chénopodiacées sauvages repoussent en partie les attaques du parasite.

BON À SAVOIR

Pour renforcer la vigueur des betteraves, pulvérisez toutes les 2 semaines une **décoction de prêle,** de **consoude** ou d'**ortie.** Elles seront moins exposées à la cercosporiose, le mildiou et la rouille, le trio infernal de ce légume.

PLUS FORT QUE L'ÉPINARD

Il est agaçant, l'épinard. Supposé facile à produire, il monte subitement à graines et nous laisse sur notre faim. La faute à la chaleur qui arrive d'un coup ! Voici les clés pour le réussir.

BON À SAVOIR

Contrairement à une idée reçue, **l'épinard n'est pas si riche en fer :** une erreur de transcription de la secrétaire distraite du scientifique qui a établi sa composition est à l'origine d'une confusion qui a traversé les années. Elle a ignoré la virgule et s'est trompée d'un facteur 100 !

Avant le semis

▶ **Les préliminaires.** L'épinard a de gros besoins en azote. En prévision de sa culture, semez un engrais vert comme le **trèfle** ou la **féverole,** ou cultivez des **pois,** des **haricots** ou des **fèves** qui enrichissent le sol en azote.

▶ **Les bonnes variétés.** Pour le printemps, préférez 'Géant d'hiver' (si, si !), 'Carambole', 'Junius', 'Résistoflay' ou 'Nordic'. Pour l'été, semez 'Junius', 'Alice' ou 'Lagos'. Pour l'automne et l'hiver, utilisez 'Géant d'hiver', 'Monstrueux de Viroflay', 'Adèle', 'Samos', 'Nordic' ou 'Carambole'. Si vous faites vos propres graines (les variétés anciennes, pas les hybrides F1), semez des graines de 2 ans, elles sont réputées meilleures.

▶ **Les protections.** Pour faciliter la germination et ramollir les téguments (membranes protectrices), trempez les graines 6 heures dans une solution de **bouillie bordelaise**. Cela les protégera aussi du mildiou. Pulvérisez du **charbon de bois** sur les semences pour les prémunir de la fonte des semis.

▶ **Des épinards toute l'année.** Faites un seul semis d'automne, les récoltes se prolongeront pendant des mois. En revanche, faites trois semis de printemps, espacés de 20 jours, pour assurer des récoltes permanentes.

Après le semis

▶ **Le plombage.** Juste après le semis, plombez la terre (tassez-la) pour assurer un parfait contact entre les semences et la terre et ainsi empêcher de les découvrir avec les arrosages. Pour un plombage sans peine, passez la roue d'une brouette sur les rangs fraîchement semés.

▶ **Passer l'hiver.** L'épinard est rustique et supporte le froid jusqu'à -6 ou -7 °C. Lorsqu'il est recouvert de givre, laissez-le tel quel, car le paillage accentue l'humidité. Dans les régions sèches, à l'approche de l'hiver, coupez la végétation et paillez avec un matériau sec.

DES CAROTTES QUI VOUS BOTTENT

Récolter des carottes au jardin, c'est amusant et satisfaisant ! Mais avant de tirer sur les belles racines, le chemin est quelquefois semé d'embûches culturales…

Sus à la mouche !

▶ **Côté planning.** Pour s'intercaler avec le cycle du parasite, semez tôt ou tard (avant avril ou en juillet), car la mouche ne se manifeste pas lorsque la température est en dessous de 15 °C ou au-dessus de 22 °C.

▶ **Avec du marc de café**. Mélangez-le aux graines, car la mouche l'apprécie peu. Vous pouvez également en déposer au fond du sillon du semis. Si vous habitez en bord de mer, placez au fond du trou une couche de **sable de mer** bien chargé en sel – celui balayé par le bord des vagues – ou recouvrez-en les semis.

▶ **Les plantes alliées.** Intercalez des rangs d'**oignons,** d'**ails** ou d'**œillets d'Inde,** trois plantes qui éloignent la mouche. Dès la levée et pendant tout le grossissement des racines, arrosez régulièrement avec des préparations à base d'**ail,** d'**oignon,** d'**aneth** et de **pousses de tomate.**

▶ **La buttée.** Les mouches pondent au niveau du collet. Aussi, buttez les carottes en ramenant délicatement la terre contre les plants lorsque les fanes sont hautes de 10 à 15 cm.

Trucs de culture

▶ **La belle équipe.** Vous avez déjà fait un semis avec un mélange **de radis et de carottes** (voir p. 21), mais vous pouvez également semer **des laitues et des carottes** d'un même geste pour récolter de jeunes plançons en premier.

▶ **Le piedestal.** Les carottes détestent les sols lourds et l'accumulation d'eau dans la terre. Cultivez sur une légère **butte** de 15 cm environ. Si possible, ameublissez la terre d'un peu de **sable.**

▶ **Un peu d'ombre.** Pour les semis d'été principalement, paillez légèrement les jeunes semis ou recouvrez-les d'un **sac de jute** ou de **papier journal** pendant quelques jours afin de les protéger du soleil ardent.

SUCCESS-STORY DU SEMIS

Les graines des carottes sont légèrement rugueuses, hérissées de toutes petites aspérités. Pour faciliter leur germination, frottez-les entre les mains (le persillage). Le semis est souvent peu homogène et trop dense, ce qui vous oblige à passer du temps pour l'éclaircissage. Mélangez les semences à du* SABLE, *de la* SCIURE BIEN SÈCHE *ou du* MARC DE CAFÉ *et aidez-vous d'un semoir à main. Pour éviter la fonte des semis, arrosez les plants d'une* DÉCOCTION DE PRÊLE *avant de semer. Les anciens disaient qu'il ne faut jamais semer par temps pluvieux, car cela fait « avorter » le semis.

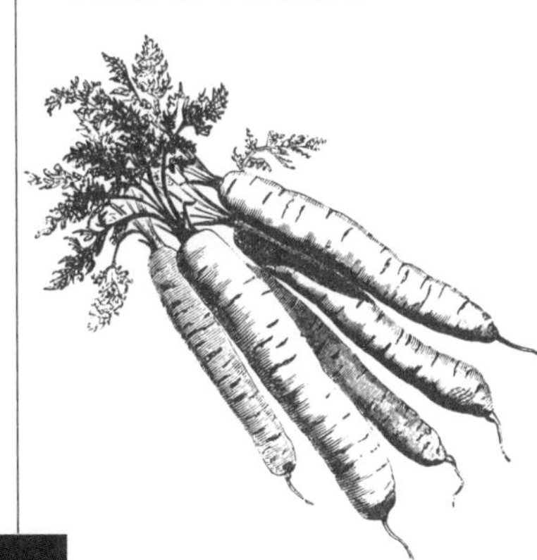

DES MELONS FORT BONS

Il est des productions pour lesquelles le potager de l'amateur prend tout son sens, le melon en est un bel exemple. Pour la consommation courante, achetez les bons melons du marché, mais pour le haut du panier, cultivez les bonnes variétés anciennes introuvables !

MÂLE OU FEMELLE ?

La légende des melons « femelles » et « mâles » a la peau dure ! Il s'agit d'un non-sens botanique. Seules les fleurs sont sexuées, pas les fruits. De plus, les melons « femelles », identifiés par une aréole prononcée à la base du fruit, et les melons « mâles », marqués d'un simple petit bouton, ne montrent aucune différence gustative !

POUR LES GOURMETS

Renouez avec les bonnes variétés anciennes de melon, de petits délices dont on trouve facilement les semences. Semez ***'Prescott à fond blanc'*** *pour son gros fruit curieux (de 2,5 à 4 kg) à côtes très larges marquées de profonds sillons. Pour l'amener à sa pleine mesure, laissez un seul fruit par pied.*

Coup de projecteur sur le melon

► **La tuile.** Dans les régions qui manquent de chaleur, placez une tuile sous le fruit encore vert mais déjà gros. Elle l'isole du sol et le préserve du pourrissement. Mais elle emmagasine surtout de la chaleur pour la restituer au fruit et favoriser sa maturation.

► **De l'air !** Trop protéger le melon en partant du fait qu'il a besoin de chaleur est une erreur. Si une cloche est vivement recommandée pour le démarrage des plants, il faut l'ôter suffisamment tôt, car la germination est stoppée au-delà de 30 °C et la croissance des plants ralentit considérablement passés les 25 °C. Quant aux fruits, faites-les toujours grossir à l'air libre. Au-delà de 35 °C, les melons deviennent mous et manquent de sucre.

Les réflexes santé

► **Contre les parasites.** Pratiquement tous les ans, les melons sont attaqués par le **« blanc »** (l'oïdium) sur les feuilles et par les **aleurodes** (petites mouches blanches) qui pullulent sous les feuilles. Contre le premier, arrosez au pied sans mouiller le feuillage. Contre les secondes, déposez sur les plants de melon toutes les coccinelles et leurs larves présentes sur les autres cultures.

► **Le paillage.** Sitôt les plants formés, cultivez tout au long de l'été sur un paillage épais de **paille propre.** Celle-ci maintient l'humidité au pied et préserve les fruits des salissures et des pourrissements.

GRAND-PAPA RAMÈNE SA FRAISE

Un potager sans fraisiers, vous n'y pensez pas ?! Et les bonnes confitures de mamie, alors ? Heureusement, mon grand-père est particulièrement attentif à cette partie du jardin. Les parasites, les maladies et autres empêcheurs de cueillir en rond peuvent aller se rhabiller.

Les astuces de grand-papa

► **Avec du bicarbonate.** Ayant montré ses propriétés fongicides dans les années 1970 au Japon, ce produit simple est efficace contre plusieurs champignons pathogènes, notamment l'oïdium du fraisier. Mélangez 10 g de **bicarbonate** à 40 ml de **savon noir** dans 4 litres d'eau et pulvérisez toutes les semaines entre mai et septembre.

► **Avec l'ail et le poireau.** Tous les vieux jardiniers savent que l'ail et le poireau aiment les fraises. Les composés soufrés de ces Alliacées tiennent éloignés du fraisier les insectes, notamment le tarsonème (un acarien qui s'attaque principalement aux feuilles et aux fruits). Et pas de danger que les fraises prennent le goût de l'ail ou du poireau !

► **Avec la prêle et la tanaisie.** Arrosez régulièrement les fraisiers avec une préparation de prêle ou de tanaisie, elles fortifient les plants et les rendent moins vulnérables aux parasites. Passez-la toutes les semaines dès le démarrage de la végétation et jusqu'à la fin de l'été.

Du neuf et du propre

► **Renouvelez les plantations.** Quelquefois, il se développe un foyer infectieux, soit que le tarsonème s'installe, soit que les virus se mettent de la partie. C'est surtout vrai lorsqu'on multiplie les fraisiers soi-même, ce que fait tout jardinier. Tous les 4 ou 5 ans, changez de place et achetez des plants neufs.

► **Paillez les fraisiers.** C'est indispensable ! Épandez une bonne couche de **paille propre** ou d'autres matériaux pour empêcher la levée des mauvaises herbes, conserver la fraîcheur au sol, mais surtout isoler les fraises de la surface de la terre. Ainsi, elles ne pourrissent pas.

► **Évitez les pourritures.** Cultivez sur une petite butte de 20 cm de hauteur. Simple et efficace, surtout pour les sols lourds.

BON À SAVOIR

Prenez soin des fraisiers au moment de leur plantation. Étalez bien les racines dans tous les sens pour les diriger en surface et n'enterrez pas trop profondément; le collet doit rester libre, sans voir pour autant le départ des racines. Puis, **pralinez** (enduisez les racines) correctement avec une **« bouillasse » maison** faite tout simplement de terre de jardin.

LES BONNES QUANTITÉS À CULTIVER

Le débutant qui se lance dans le potager est submergé la première année par les haricots verts qui arrivent tous en même temps, étonné devant la quantité de pommes de terre à récolter (où les stocker ?), déçu de laisser les trop nombreuses tomates pourrir au sol ou bouche bée par le peu de générosité de l'aubergine. Question : quelles sont les justes quantités à semer et à planter ?

▲ *Concombres*

LE CONCOMBRE

Quantité à semer : 1 g contient de 10 à 15 graines. Quantité à planter : 1 plant/m². Place nécessaire entre deux plants : 60 cm. Place nécessaire entre deux lignes : 1,2 m. Récolte : de 12 à 15 fruits par pied.

Les légumes du soleil

▶ **L'aubergine.** Quantité à semer : 1 g contient 250 graines, soit 100 à 120 plants. Quantité à planter : 5 plants/m². Place nécessaire entre deux plants : 50-60 cm. Place nécessaire entre deux lignes : 50-60 cm. Récolte : de 6 à 10 fruits par pied.

▶ **La tomate.** Quantité à semer : 1 g contient de 300 à 400 graines, soit 120 à 200 plants. Quantité à planter : 5 plants/m². Place nécessaire entre deux plants : 50 cm. Place nécessaire entre deux lignes : 80 cm. Récolte : de 2 à 4 kg de tomates par pied.

▶ **Le poivron.** Quantité à semer : 1 g contient 150 graines, soit 70 plants. Quantité à planter : 4 plants/m². Place nécessaire entre deux plants : 50-60 cm. Place nécessaire entre deux lignes : 50-60 cm. Récolte : de 500 g à 1 kg par pied.

▶ **La courgette.** Quantité à semer : 1 g contient de 6 à 8 graines. Quantité à planter : 1 plant/m². Place nécessaire entre deux plants : 1 m. Place nécessaire entre deux lignes : 1,3 m. Récolte : de 5 à 8 fruits par pied.

▶ **Le melon.** Quantité à semer : 1 g contient 35 graines. Quantité à planter : 2 plants/m². Place nécessaire entre deux

SEMPITERNEL ARTICHAUT

Quantité à semer : 1 g contient 25 graines, mais oeilletonnage plus fréquent. Quantité à planter : 2 ou 3 plants/m². Place nécessaire entre deux plants : 1 m. Place nécessaire entre deux lignes : 1,2-1,3 m. Récolte : de 6 à 8 artichauts par plant. Il reste en place de nombreuses années !

▲ *Artichaut*

plants : 80 cm. Place nécessaire entre deux lignes : 120-130 cm. Récolte : de 3 à 5 fruits par pied.

Les légumes-graines

▶ **Le haricot vert.** Quantité à semer : 1 g contient de 1 à 5 graines, à semer en poquets de 3 à 5 graines. Place nécessaire entre deux plants : 35 cm. Place nécessaire entre deux lignes : 60-70 cm. Récolte : de 5 à 8 kg/m^2.

▶ **Le haricot grain.** Quantité à semer : 1 g contient de 1 à 4 graines, à semer en poquets de 5 ou 6 graines. Place nécessaire entre deux plants : 35 cm. Place nécessaire entre deux lignes : 60-70 cm. Récolte : de 1,5 à 2 kg/m^2.

▶ **Les pois.** Quantité à semer : 1 g contient de 2 à 6 graines, à semer en poquets de 3 graines. Place nécessaire entre deux plants : 10-15 cm. Place nécessaire entre deux lignes : 50-60 cm. Récolte : de 250 à 400 g/m^2 pour les mangetouts, de 300 à 500 g de grains frais pour les pois à écosser.

Les légumes-racines et les tubercules

▶ **La pomme de terre.** Pas de semis. Quantité à planter : 4 plants/m^2. Place nécessaire entre deux plants : 35-40 cm. Place nécessaire entre deux lignes : 60-70 cm. Récolte : de 2,5 à 5 kg/m^2.

▶ **La betterave.** Quantité à semer : 1 g contient 50 graines. Quantité à planter : de 15 à 20 plants/m^2. Place nécessaire entre deux plants : 10-15 cm. Place nécessaire entre deux lignes : 30-40 cm. Récolte : de 2 à 3 kg/m^2.

▶ **La carotte.** Quantité à semer : 1 g contient 900 graines (semez à la volée de 0,3 à 0,5 g/m^2). Place nécessaire entre deux plants : 5-10 cm. Place nécessaire entre deux lignes : 15-30 cm. Récolte : de 1 à 1,5 kg/m^2.

▶ **Le navet.** Quantité à semer : 1 g contient de 500 à 750 graines (semez en lignes ou à la volée). Place nécessaire entre deux plants : 10-15 cm. Place nécessaire entre deux lignes : 20 cm. Récolte : de 2 à 3 kg/m^2.

▶ **L'oignon.** Quantité à semer : 1 g contient 250 graines (semez de 0,5 à 1 g par mètre linéaire). Place nécessaire entre deux plants : 10 cm. Place nécessaire entre deux lignes : 25-30 cm. Récolte : 2 kg/mètre linéaire.

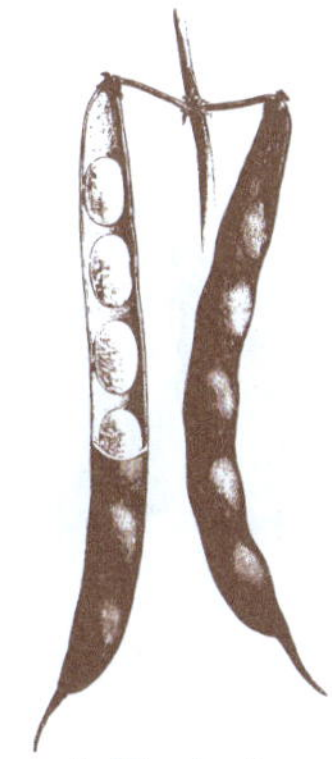

▲ *Haricots*

LE FENOUIL BULBEUX

Quantité à semer : 1 g contient 200 graines. Quantité à planter : de 15 à 20 plants/m^2. Place nécessaire entre deux plants : 15-20 cm. Place nécessaire entre deux lignes : 40 cm. Récolte : de 2 à 3 kg/m^2.

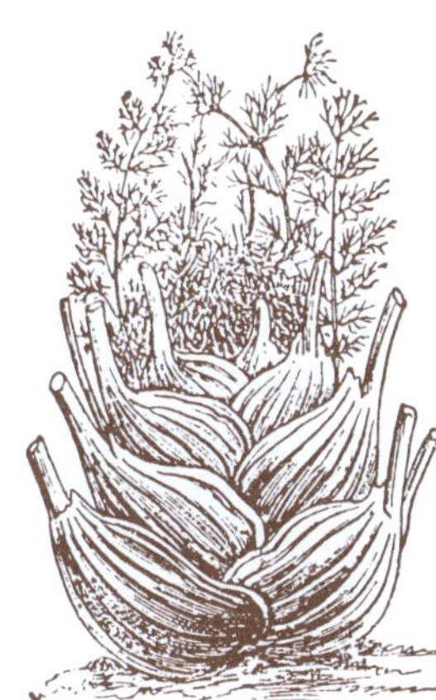

▲ *Fenouil bulbeux*

▲ *Échalote*

LES RADIS DE TOUS LES MOIS

Quantité à semer : 1 g contient 250 graines (semez 4 g/m²). Place nécessaire entre deux plants : 5-10 cm. Place nécessaire entre deux lignes : 15-20 cm. Récolte : de 300 à 400 radis/m².

LE POIREAU

Quantité à semer : 1 g contient 400 graines. Quantité à planter : 90 plants/m². Place nécessaire entre deux plants : 10 cm. Place nécessaire entre deux lignes : 30 cm. Récolte : 5 kg/m².

▶ **Le radis d'hiver.** Quantité à semer : 1 g contient 120 graines (semez 1,5 g/m²). Place nécessaire entre deux plants : 4-5 cm. Place nécessaire entre deux lignes : 20 cm. Récolte : de 120 à 150 radis/m².

▶ **L'ail.** Pas de semis, plantation de caïeux. Quantité à planter : 50 plants/m². Place nécessaire entre deux plants : 10-15 cm. Place nécessaire entre deux lignes : 25-30 cm. Récolte : de 1 à 3 kg/m², selon la récolte en vert ou demi-sec, soit 40 à 50 têtes d'ail.

▶ **L'échalote.** Pas de semis. Quantité à planter : 100 bulbes/m². Place nécessaire entre deux plants : 15 cm. Place nécessaire entre deux lignes : 20 cm. Récolte : 1 kg/m².

Les légumes-feuilles

▶ **L'épinard.** Quantité à semer : 1 g contient 110 graines (semez en lignes de 3 à 4 g/m²). Place nécessaire entre deux plants : 2 cm. Place nécessaire entre deux lignes : 20-30 cm. Récolte : de 1 à 3 kg/m².

▶ **La poirée à carde.** Quantité à semer : 1 g contient 60 graines (semez en lignes 0,5 g/m²). Place nécessaire entre deux plants : 30-35 cm. Place nécessaire entre deux lignes : 40-45 cm. Récolte : 5 kg/m².

▶ **Le céleri-branche.** Quantité à semer : 1 g contient 2 500 graines. Quantité à planter : 15 plants/m². Place nécessaire entre deux plants : 20-30 cm. Place nécessaire entre deux lignes : 20-30 cm. Récolte : de 5 à 6 kg/m².

Tous les choux

▶ **Le chou pommé (cabus, de Milan, chou rouge).** Quantité à semer : 1 g contient 300 graines. Quantité à planter : de 3 à 5 plants/m². Place nécessaire entre deux plants : 40-50 cm. Place nécessaire entre deux lignes : 50-60 cm. Récolte : de 3 à 5 choux/m².

▶ **Le chou-fleur.** Quantité à semer : 1 g contient 400 graines. Quantité à planter : 3 ou 4 plants/m². Place nécessaire entre deux plants : 60-80 cm. Place nécessaire entre deux lignes : 60-80 cm. Récolte : 2 kg/m².

Chapitre 3

MON GRAND-PÈRE PROTÈGE SON JARDIN

DE L'UTILITÉ DES CENDRES

Celle de la cheminée, issue du bois, et celle du jardin, faisant suite à l'élimination par le feu des plantes herbacées, sont bonnes pour le jardin. On brûle d'envie d'en savoir plus !

BON À SAVOIR

La cendre issue du **brûlage de plantes herbacées** contient surtout de la silice, de la potasse et, dans une moindre mesure, du phosphore. Grâce à sa richesse en magnésie, elle est bonne pour les cultures légumières et les rosiers, ainsi que pour les fruitiers. La **cendre de bois** contient moins de silice mais davantage de sels de calcium, intéressants pour corriger les sols acides. Elle renferme moins de potasse mais bien plus d'oligo-éléments. L'idéal? Un mélange des deux!

Le mode d'emploi

▶ **Tamisez la cendre.** Aidez-vous d'un tamis de maçon pour éliminer les grosses particules et les déchets. Et, surtout, laissez-la bien refroidir quelques jours avant de l'utiliser.

▶ **Engrais maison.** Délayez 1 kg de cendres dans 10 litres d'eau. Agitez bien, puis laissez décanter. Filtrez les plus grosses particules et arrosez vos légumes au pied.

▶ **Le calendrier.** Vous pouvez apporter la cendre à tout moment de l'année. Cependant, la potasse contenue dans la cendre des plantes herbacées a tendance à être lessivée en profondeur par les pluies et les arrosages importants. Apportez-la donc plutôt juste avant d'installer une culture.

▶ **De la cendre dans le compost?** Oui, mais ayez la main légère! Épandez de fines couches entre les épaisseurs des déchets végétaux, sans plus. Vous risquez sinon le colmatage et un compost mal aéré a du mal à mûrir!

De l'utilité de la cendre au jardin

▶ **Découragez les limaces et les escargots.** Après un semis, épandez une couche de cendre, car ils n'aiment pas frotter leur ventre sur cette matière abrasive, mais également pour mieux visualiser les sillons avant la sortie des plants.

▶ **Contre les maladies causées par les champignons.** Roulez les bulbes et les tubercules dans la cendre avant de les stocker pour l'hiver dans des clayettes. Épandez de généreuses couches de cendre entre les racines à conserver pour l'hiver.

▶ **Faites fuir les campagnols.** Épandez de la cendre au pied des légumes-racines. Ces rongeurs apprécient peu de renifler les poussières irritantes qu'elle contient.

▶ **Laissez tomber les grillades!** La cendre de charbon contient des métaux lourds et des résidus soufrés, celle du barbecue des traces d'hydrocarbures.

LA BOUILLIE BORDELAISE

Mon grand-père ne s'est jamais posé la question, la bouillie bordelaise, il en a toujours pulvérisé ! Un peu trop même... Aujourd'hui, si elle est admise pour le jardinage biologique, certains la montrent du doigt et cette pratique doit être reconsidérée.

Une formule au vitriol bleu

► **Ses propriétés.** La bouillie bordelaise est un mélange de **sulfate de cuivre** (entre 10 et 20 g/litre) et de **chaux** éteinte employé principalement comme **fongicide** en mesure préventive. Elle est aussi **bactéricide** et **algicide**. Les anciens la préparaient eux-mêmes, mais elle est désormais vendue prête à l'emploi.

► **Sa teinte.** Sa **coloration bleue** présente un avantage, vous pourrez ainsi facilement repérer les parties traitées sitôt qu'elle commence à sécher. Toutefois, elle tache les dallages, les terrasses et les balcons. Il existe heureusement une formulation **incolore** composée de cuivre et d'hydroxyde de cuivre.

À bon escient et à bonne dose

► **Attention!** Afin d'éviter le risque de **brûlures** provoquées par les rayons du soleil, traitez toujours le matin ou, mieux, en fin de journée, et jamais si le thermomètre indique plus de 25 °C à l'ombre!

► **Par temps sec.** Ne pulvérisez jamais si de la pluie est annoncée. La bouillie bordelaise serait rapidement lessivée!

► **Les rendez-vous immanquables.** Le traitement des arbres fruitiers est obligatoire. Le calendrier sanitaire vous fixe trois rendez-vous : le premier en automne, à base d'huile, dirigé contre les insectes, les deux autres avec la bouillie bordelaise, pour éliminer les champignons. Pulvérisez-la une première fois à la chute des feuilles, en la laissant bien ruisseler sur les grosses branches et le tronc, puis une deuxième fois au tout début du printemps, au gonflement des bourgeons, juste avant qu'ils débourrent. Faites de même pour vos rosiers mais continuez les applications tous les mois pendant la culture. Bien entendu, utilisez une formulation incolore!

ET DANS LE POTAGER ?

Traitez au fur et à mesure de la croissance seulement si vous avez eu des antécédents de maladies (mildiou de la pomme de terre ou de la tomate principalement), car la bouillie retarde le feuillage. Avec 3* TRAITEMENTS ESPACÉS DE 1 MOIS À 6 SEMAINES *durant la culture, vous couvrirez une période allant de 3 à 4,5 mois, ce qui est suffisant pour la plupart des cultures de printemps et d'été.

LES INSECTICIDES MAISON

C'est la guerre ! Et dans cette guerre aux insectes nuisibles, mon grand-père était impitoyable dès qu'il les observait sur ses légumes. En vieux grognard des potagers, il avait toute une batterie de préparations maison pour s'en débarrasser.

▲ *Macération*

EFFET DE MODE

Ils sont beaux et rappellent le jardin de grand-papa, mais les contenants en métal sont à proscrire ! Ils libèrent des substances qui contrarient l'action des macérations. Utilisez toujours des contenants en matière plastique.

Le pouvoir des plantes

► **La préparation.** Pour extraire les principes actifs des plantes, fraîches ou séchées, et les solubiliser, trois méthodes s'offrent à nous : la **macération** (les végétaux trempent un certain temps dans l'eau), la **décoction** (les plants bouillent dans de l'eau) et l'**infusion** (une macération dans de l'eau préalablement bouillie qui se fait hors du feu). Après un simple filtrage, les solutions sont prêtes à l'emploi !

► **La conservation.** Celle-ci est limitée dans le temps, en général de quelques semaines à quelques mois. Stockez les préparations insecticides dans des contenants en matière plastique opaque à l'abri de la lumière, de la chaleur et de l'humidité.

► **Le mode d'emploi.** Les préparations insecticides fabriquées à partir de plantes agissent uniquement par contact, il est donc inutile de traiter préventivement. Vous devez attendre d'observer les premiers individus ou leurs dégâts. Utilisez ces produits essentiellement par **pulvérisation,** éventuellement après dilution, en prenant soin de bien traiter les parties moins accessibles de la plante, comme le dessous des feuilles.

► **L'efficacité.** En comparaison des produits chimiques de synthèse, leur pouvoir est moindre. De ce fait, les pulvérisations doivent être répétées pour éliminer tous les insectes nuisibles, quelquefois plusieurs jours de suite.

QUEL TYPE D'EAU?

*Utilisez de préférence de l'**eau de pluie, de source ou d'un puits**, car l'eau du robinet est trop riche en chlore. Le cas échéant, laissez reposer le volume d'eau nécessaire pendant une journée au soleil ou près d'une source de chaleur pour diminuer la teneur en chlore.*

Le casting des plantes insecticides

▶ **L'ail.** Infusez une tête d'ail *(Allium sativum)* dans 10 litres d'eau pendant 15 heures. Ajoutez 100 g de savon noir. Pulvérisez sur les pucerons et les acariens et utilisez en répulsif contre la mouche de la carotte et la teigne du poireau. Conservez de quelques jours à quelques semaines.

▶ **L'absinthe.** Faites macérer 3 kg d'absinthe fraîche *(Artemisia absinthium)* dans 10 litres d'eau durant 12 jours. Pulvérisez non dilué sur les pucerons et tous les 15 jours contre les altises et les chenilles. Également efficace contre les limaces, les escargots et les loches. Conservez quelques semaines.

▶ **La prêle.** Placez 250 g de prêle fraîche *(Equisetum arvense)* ou 50 g de prêle sèche en poudre dans 10 litres d'eau et laissez macérer 10 jours. Pour une décoction, portez à ébullition après seulement 1 jour de macération. Employez non dilué contre les pucerons et les acariens. Conservez plusieurs semaines.

▶ **La tanaisie.** Faites macérer 400 g de tanaisie fraîche *(Tanacetum vulgare)*, feuilles, tiges ou fleurs, dans 10 litres d'eau. Après 24 heures, portez à ébullition durant 15 minutes. Utilisez non dilué contre les pucerons, les aleurodes, les altises, les chenilles et leurs papillons et les otiorhynques. Conservez quelques semaines.

▶ **La tomate.** Laissez macérer 1 kg de feuilles fraîches et saines ou de tiges de tomate *(Lycopersicon esculentum)* dans 10 litres d'eau pendant 2 ou 3 jours. Utilisez sans dilution contre le puceron, l'altise, la piéride du chou et la teigne du poireau. Conservez plusieurs semaines.

▶ **Le sureau noir.** Laissez macérer 1 kg de sureau frais *(Sambucus nigra)* dans 10 litres d'eau pendant 2 ou 3 jours. Toutes les parties de la plante sont utilisables. Employez non dilué contre les pucerons, les altises, les noctuelles et les thrips. Conservez quelques semaines.

BON À SAVOIR

Le **savon noir** est un insecticide utile et biologique, car il est fabriqué à base d'huiles végétales. Vous pouvez l'utiliser contre les pucerons, à raison de 200 g pour 10 litres d'eau. Ajoutez 50 cl d'alcool à brûler et 8 g de sel de mer à cette préparation pour renforcer son action. Elle est alors efficace contre les acariens et les chenilles. Enfin, il est quelquefois recommandé d'utiliser ce savon comme agent mouillant pour améliorer le contact entre la préparation insecticide et les tissus végétaux.

▲ *Tanaisie*

HALTE AUX MAUVAISES HERBES

« Une mauvaise herbe est une herbe dont on n'a pas encore trouvé l'utilité », dit la sagesse des jardins. En attendant de débusquer leurs qualités, il faut bien se débarrasser de quelques adventices ou, du moins, les contenir !

BON À SAVOIR

Redécouvrez le **faux semis,** cette méthode qui consiste à préparer le terrain en vue d'un semis en émiettant les mottes, en griffant le sol, en ratissant et en arrosant en pluie fine… sans semer. Environ 15 jours plus tard, toutes les graines des mauvaises herbes auront germé. Il suffit de désherber à la main et de semer cette fois les semences de légumes. Autre idée : déposez des **cartons ondulés** à plat entre les plantations, recouvrez de tonte de gazon ou d'un peu de terre pour les dissimuler, ces écrans sont très efficaces pour empêcher la levée des graines des mauvaises herbes.

Les ingrédients du succès

► **Un coup de chauffe.** Il existe à la vente des **désherbeurs thermiques,** alimentés par une cartouche de gaz. Ils dispensent la flamme destructrice par une petite lance. La chaleur, voilà une astuce simple ! De l'**eau bouillante** fera l'affaire pour beaucoup moins cher ! Dans les deux cas, il faut savoir intervenir très localement. Réservez donc ce petit truc au désherbage des allées.

► **Un peu d'amidon.** Employez également de l'**eau de cuisson bouillante des pommes de terre.** Pour autant, il semble difficile de savoir si c'est la chaleur ou les supposés résidus de cuisson qui sont efficients.

► **Un grain de sel.** Même remarque pour l'**eau salée,** celle des pâtes par exemple. Encore que le sel semble avoir une action propre : déposez une bonne pincée de **gros sel** au cœur des chardons les plus récalcitrants pour faciliter leur arrachage. Plus moderne, utilisez l'eau des capteurs d'humidité recueillie dans le bac de récupération, elle aussi chargée en sel !

► **Un soupçon de vinaigre.** Allongez 1 litre de **vinaigre blanc** avec 50 cl d'eau. Arrosez par temps de plein soleil sur les plantes à détruire. Autre recette : diluez 3 cuillerées à soupe de **savon noir liquide** et une tasse de **gros sel** dans 4 litres de **vinaigre blanc,** puis vaporisez sur les indésirables.

Les purins, alliés du jardinier

► **Le purin d'ortie.** Trempez 2 kg de plantes fraîches dans 10 litres d'eau. Laissez macérer 10 jours (loin de la maison, car c'est malodorant !). Filtrez et arrosez les mauvaises herbes sans diluer.

► **Le purin d'angélique.** Autre recette pour le même usage, faites macérer 1 kg de feuilles fraîches dans 10 litres d'eau jusqu'à ce que vous ne voyiez plus de bulles remonter à la surface.

« S'TAUPER » LES TAUPES !

La taupe mange des chenilles, des insectes, des larves, mais aussi les précieux vers de terre. Elle grignote les racines, les tubercules, les bulbes et chamboule toute la terre du jardin ! Alors sitôt qu'elle est repérée, agissez sans tarder, car elle a une capacité de fouissage de 20 mètres par jour !

Un bon repérage…

▶ **Occupé !** Les taupinières ne laissent aucun doute mais, pour savoir si une galerie est utilisée, enfoncez la terre délicatement avec le pied pour provoquer un effondrement partiel. Quelques jours après, un monticule de terre présent au même endroit signale un travail de réfection par l'animal. Inutile d'aplanir les taupinières au râteau ! Ce n'est qu'un déblai de chantier pour la taupe et vous ne la perturberez pas pour autant !

Place à l'action !

▶ **Les plantes répulsives.** La **fritillaire impériale** *(Fritillaria imperialis)* ou l'**épurge** *(Euphorbia lathyris)*, l'herbe à taupe, ont la réputation d'éloigner les taupes, tout comme le **ricin,** l'**oignon,** l'**ail,** la **jacinthe** et la **jonquille.** Vous pouvez arroser les taupinières et les galeries avec une macération d'**euphorbe** (900 g pour 10 litres d'eau).

▶ **Plein les narines.** La taupe est sensible aux odeurs ; aussi pouvez-vous déposer dans les galeries tout un tas de produits ou de préparations. Autrefois mon grand-père inondait les galeries avec du gas-oil (!), mais il est plus raisonnable de placer quelques boules de **naphtaline,** des baguettes enduites de **crésyl** ou de **goudron de Norvège,** un chiffon imbibé de **pétrole…** Autant de procédés qui font fuir les taupes chez le voisin !

▶ **Les vieux classiques.** Pour les chimistes, restent les **fusées** à placer dans les galeries, produisant des fumées au dioxyde de soufre ou de sels de baryum, et, pour les mécaniciens, les **pièges mécaniques.** Attention lors de la manipulation, ils sont très sensibles et puissants, vos doigts pourraient en être les premières victimes !

INDIGESTION

La seule matière active encore homologuée pour empoisonner une taupe est l'*ALPHACHLORALOSE. *Placez des* VERS DE TERRE *dans un verre, sans les mouiller, pendant 30 minutes. Coupez-les aux deux extrémités, ainsi ils ne s'échapperont pas, ne se débarrasseront pas du produit et, en saignant, seront plus facilement détectés par les taupes. Saupoudrez et enrobez correctement les vers de terre avec le produit. Placez-les dans les galeries. Renouvelez l'application 3 jours plus tard.

LE DORYPHORE A LA PATATE ?

Il y a, comme ça, des couples impossibles. Au potager, celui de la pomme de terre et du doryphore en est l'exemple type. Bien qu'il s'attaque aussi à d'autres espèces de la même famille (l'aubergine, la tomate), ce nuisible a une nette préférence pour notre tubercule préféré !

HÉTÉROPTÈRE VERSUS COLÉOPTÈRE

Si vous encouragez la prolifération de « bestioles » bénéfiques au jardin en cultivant bio, vous trouverez peut-être dans votre jardin des punaises carnivores (les scientifiques parlent d'anthocoridés). Elles dévorent quantité d'œufs de doryphore !

Un plan d'éradication efficace

Une femelle de doryphore, c'est environ 700 œufs, autant de larves qui grignotent des quantités astronomiques de jeunes feuilles. Arrivées au stade adulte, elles s'enterrent pendant 5 semaines et sortent pour recommencer un cycle. À ce rythme, les carrés de pommes de terre sont dévastés, les plants affaiblis et les tubercules ont bien du mal à grossir !

▶ **Soyez méthodique.** La première façon de se débarrasser des doryphores, c'est de les **ramasser un par un** et de les détruire. Autrefois, cette tâche était réservée aux enfants, notamment aux écoliers, réquisitionnés un après-midi par semaine pour l'accomplir pendant la Seconde Guerre mondiale.

▶ **Trouvez des alliés.** Faites-vous aider par d'autres plantes, en premier lieu le **raifort** (facile à retenir, ça rime avec doryphore !). Plantez-en quelques-uns entre les rangs de pomme de terre, ils ont un effet répulsif. Servez-vous aussi du **datura.** Semez-en entre les rangées et n'oubliez pas que la plante est toxique, ne vous laissez pas séduire par ses belles fleurs en cornets blancs ! Sinon, vous pouvez simplement en épandre des feuilles. Attention, nous parlons bien ici du datura *(Datura stramonium L.)* et non pas des brugmansias, des arbustes décoratifs nommés ainsi il y a encore peu de temps.

▶ **Faites écran.** Semez du **lin,** ses plants masqueront rapidement ceux de pomme de terre. Une technique simple et si efficace que les vendeurs de semences de pomme de terre en offrent à leurs clients !

▶ **Plantez un leurre.** Cultivez une variété de **tomate « à feuille de pomme de terre »**, comme 'Brandywine' (identifiée « Potato Leaf »), sur laquelle les larves ont du mal à s'installer.

LA CHASSE AUX PUCERONS

De tous les insectes nuisibles au jardin (et il y en a une liste théorique assez fournie !), les pucerons méritent une attention particulière car, tous les ans, ils sont au rendez-vous, aussi bien au potager qu'au jardin d'ornement et sur les plantes en pots !

Les plantes à la rescousse

Inutile d'aller chercher bien loin, vous cultivez déjà les plantes utiles à l'élaboration des préparations insecticides servant à lutter contre les pucerons. Voici des recettes plus spécifiques pour compléter celles des pages précédentes.

▶ **La lavande.** Toutes les lavandes et leurs hybrides conviennent à la préparation. Plongez 1 kg de lavande (tiges, feuilles, fleurs) dans 10 litres d'eau et laissez macérer 5 jours. Utilisez dilué à 20 %. Conservez plusieurs semaines.

▶ **La grande camomille.** Portez 10 litres d'eau à ébullition. Coupez le feu et plongez 100 fleurs fraîches ou sèches. Laissez infuser 24 heures. Pulvérisez sans diluer sur les pucerons. Conservez jusqu'à 3 semaines.

▶ **La rhubarbe.** Coupez en lambeaux 1,5 kg de feuilles fraîches dans 10 litres d'eau. Laissez macérer de 1 à 3 jours. Pulvérisez sans diluer. Conservez plusieurs semaines.

▶ **La rue.** Faites macérer 800 g de feuilles fraîches dans 10 litres d'eau pendant 10 jours, puis filtrez. Utilisez dilué à 20 %. Conservez plusieurs mois.

▶ **L'ortie.** Toutes les orties de la flore française sont exploitables. Hachez 1 kg de feuilles fraîches (avant la montée à graines) dans 10 litres d'eau (portez des gants). Laissez macérer 4 ou 5 jours et filtrez. Pulvérisez une solution diluée à 20 %. Le purin se conserve quelques semaines, mais il est d'autant plus efficace qu'il est frais.

▶ **La menthe.** Toutes les menthes sont utilisables pour cette recette. Plongez un bouquet de 300 g environ dans 10 litres d'eau portée à ébullition, puis retirez du feu. Laissez refroidir et pulvérisez sans diluer. Conservez 3 ou 4 semaines.

▶ **La sauge.** Infusez environ 500 g de sauge fraîche dans 10 litres d'eau bouillie pendant 30 minutes. Utilisez sans diluer. Conservez 3 semaines.

BON À SAVOIR

Les préparations végétales se conservent peu, vous devez donc en préparer en permanence. Faites des **provisions** de plantes séchées, elles sont aussi efficaces sous cette forme. Évitez de cueillir des plantes mouillées par la rosée. Faites de **grands bouquets** et laissez-les sécher la tête en bas dans un endroit bien ventilé et à l'ombre. Réduisez en poudre grossière et stockez dans des récipients hermétiques à l'abri de l'air, de la lumière et de la chaleur. Leur efficacité diminue avec le temps de conservation. Augmentez les doses préconisées de 10 % par tranche de 2 mois de conservation.

ESCARGOTS ET LIMACES : DEHORS !

Grand-père est plutôt d'un naturel calme... Mais alors, ne lui parlez pas des escargots et des limaces, ses pires ennemis ! En une nuit, ils peuvent ravager un semis ou ruiner un carré de salades. Alors les considérations sur la biodiversité, elles sont bien vite oubliées : rien n'est plus important que de faire la guerre à ces indésirables !

BON À SAVOIR

La distinction est bien sûr impossible à faire si vous partez à la chasse aux escargots, mais sachez que **9 de leurs espèces sont protégées** en France : *Helix ceratina* (ou *Helix tristis*); Hélicelle de Corse (ou *Cyrnotheba corsica*); *Tacheocampylaea raspailii* (ou escargot de Raspail); *Macularia niciensis* (l'escargot de Nice), *Macularia saintyvesi*, *Otala punctata* (ou *Otala de Catalogne*), *Elona quimperiana* (l'escargot de Quimper), *Norelona pyrenaica* et *Clausiliidae Laminifera pauli*.

Les astuces pour les repousser

► **Avec les plantes.** De multiples plantes ont un effet répulsif contre les limaces et les escargots. Parmi les plus efficaces on peut citer l'**œillet d'Inde,** la **santoline,** le **romarin,** la **lavande,** la **sauge,** la **menthe** et la **rue.** Le plus simple est d'en planter, sinon de faire sécher des feuilles, de les réduire en poudre et de les épandre.

► **Avec les légumes.** Toutes les **alliacées** (ail, oignon, ciboule, ciboulette, poireau...) font fuir les limaces.

► **Avec des fils de cuivre.** Il semblerait que les limaces n'aiment pas le cuivre ! Autrefois, les jardiniers plantaient des tiges ou des fils de cuivre à proximité des cultures légumières.

Les attirer dans vos filets...

► **Tuiles, planchette, sac...** Placez quelques tuiles arrosées au sol, des planchettes de bois ou un sac de jute détrempé, récoltez tous les 4 ou 5 jours et détruisez les bestioles.

► **Le piège à bière.** Contre les limaces, adoptez le classique piège à bière additionnée de sucre. Mettez-en dans un récipient placé en terre, en laissant affleurer le bord à la surface. Les limaces sont attirées, elles y tombent et s'y noient ! Renouvelez la bière tous les 5 jours ou après une pluie.

S'en débarrasser une fois pour toutes

► **Exposez-les !** Les limaces pondent des œufs qui passent l'hiver dans le sol. Un simple griffage du sol sur quelques centimètres permet de les exposer au froid, qui les détruit, ou aux prédateurs.

► **Faites appel aux animaux.** Favorisez la présence d'animaux amis qui mettent les limaces et les escargots à leur menu. On pense au hérisson, mais aussi au crapaud, à l'orvet, aux petits oiseaux, au lézard, à la poule et à une foule de petites bestioles moins visibles, comme les carabes.

▶ **Des granulés sur mesure.** Les granulés bleus de grand-papa, c'est terminé ! Ils étaient d'une redoutable efficacité, mais toxiques pour les autres mollusques, les oiseaux, les hérissons et les petits animaux domestiques : un vrai carnage. Désormais d'autres granulés (bleus également) à base de ferri-phosphate sont toxiques uniquement pour les mollusques. Ils bloquent la salivation des limaces et des escargots, qui meurent un peu plus loin.

Mieux vaut prévenir que guérir : les décourager

▶ **Barrière infranchissable.** Faire barrage aux limaces et aux escargots est la méthode la plus simple et la plus efficace. Pour la construire, tous les matériaux sont utilisables à partir du moment où ils sont suffisamment abrasifs pour les ventres des gastéropodes : sciure de bois, cendre de bois, poudre de coquilles d'œufs, de tessons de terre cuite, poudre de roche ou verre pilé, mars de café...

▶ **Du côté du paillage.** Le paillage, il y a du pour et du contre. D'un côté il est suffisamment décourageant ; mais d'un autre côté les limaces et les escargots apprécient son humidité. On peut le considérer comme un des moyens de collecte.

▶ **Mention spéciale pour la prêle.** Toutes les espèces de prêles sont riches en silice. Ce côté « pierreux » des prêles était autrefois mis à profit pour polir les meubles de bois. Il n'est pas étonnant qu'il décourage les escargots comme les limaces, qui préfèrent brouter de plus tendres tissus végétaux !

La méthode douce pour les éloigner

Les limaces se déplacent à une allure de 4 à 7 m par jour, les escargots sont plus rapides, 4 m à l'heure, mais les deux n'explorent pas l'environnement s'ils ont de quoi manger à disposition. La meilleure solution est de les déposer dans le ***composteur*** *pour qu'ils fassent bombance au chaud !*

DANS LA PHARMACIE DE GRAND-MÈRE...

« As-tu déjà entendu tousser un escargot ? Non ? Alors bois ! », me disait ma grand-mère. Elle préparait un sirop de limaces rouges ou d'escargots contre la **TOUX.** ***Aujourd'hui, il en existe toujours un disponible en pharmacie. Et désormais, le gastéropode est considéré d'un œil neuf : il est riche en oméga-6, utiles dans la prévention des maladies cardiovasculaires !***

CONTRE LA PIÉRIDE DU CHOU

De belles feuilles de chou bien grasses, bien épaisses, bien craquantes, vous pensez bien, ça ne peut qu'attirer les chenilles de toutes sortes, à commencer par celles de la piéride, qui en sont friandes. Une véritable plaie au potager !

ON A FAIT MIEUX, MAIS...

Depuis le jardinage de grand-papa, nous avons trouvé un moyen efficace pour lutter contre toutes les chenilles. Il suffit de pulvériser des suspensions de **BACILLE DE THURINGE (Bacillus thuringiensis),** ***de petits sachets qui se diluent dans l'eau du pulvérisateur. Cette bactérie produit des toxines qui pénètrent dans l'organisme des indésirables et perforent leurs intestins. On ne va pas pleurer !***

▲ *Bourrache*

Insignifiant mais dévastateur

▶ **Un migrateur ravageur.** La piéride du chou *(Pieris brassicae)* est un grand papillon commun, aux ailes blanc crème ponctuées de taches noires, qu'on voit voleter dès le printemps, en avril-mai. Et comme il se multiplie volontiers (il donne jusqu'à trois générations dans la saison), il est redouté pendant tout le printemps et l'été, car il s'en prend à de nombreuses Brassicacées (navet, cresson, colza, giroflée) et jette surtout son dévolu sur les choux, choux-fleurs, brocolis et choux de Bruxelles.

Dans la boîte à outils de grand-papa

▶ **Des plantes insectifuges.** Au moment du repiquage des plantes, les anciens jardiniers déposaient des branches de plantes aromatiques aux propriétés insectifuges : le **romarin** surtout, mais aussi le **genêt.** Ils étendaient aussi un paillis de feuilles de **fougère.** Autant de plantes utilisées pour les préparations insecticides maison employées pour le jardinage biologique.

▶ **Des plantes répulsives.** Plus efficace, plantez des aromatiques entre les rangs de choux : la **sauge,** le **romarin,** la **menthe,** la **sarriette,** la **bourrache.** À la rosée du matin, saupoudrez les plants de feuilles séchées et pulvérisées d'**absinthe**.

▶ **Du sel.** Certains jardiniers pulvérisent du **sel marin,** à raison de 200 g pour 10 litres d'eau, sur des plants déjà repris. Un geste toutefois à éviter sur des choux encore jeunes.

▶ **De l'insecticide végétal.** Dès que les premiers individus nuisibles sont observés, il est plus efficace de passer aux pulvérisations d'insecticides végétaux à base de **pyrèthre.**

LA MOUCHE DE L'OIGNON

Grand-père a la tête des mauvais jours au potager : des jeunes plants qui se dessèchent d'un coup et meurent, des bulbes qui pourrissent dans le sol et, dans les jeunes oignons, des vers blancs qui se tortillent. Pas de doute, c'est la mouche !

Tenir à distance : une affaire de répulsion

► **Le cycle infernal.** La mouche de l'oignon se présente comme une petite mouche domestique de 6 à 7 mm. Elle sort à partir du mois d'avril, s'accouple et, 4 jours plus tard, commence à pondre (environ 200 œufs par femelle). Les larves se développent dans la plante pendant 3 semaines avant de donner la génération suivante, puis une troisième dans le courant de l'été. D'où l'importance de la faire fuir !

► **Avec des carottes.** Semez-en entre les rangs d'oignons. Elles les protègent de la mouche et, en retour, les oignons tiennent la mouche de la carotte éloignée.

► **Avec de la sciure de bois de conifères.** Épandez-la sur la zone cultivée. Son effet répulsif est vraisemblablement dû aux essences aromatiques qu'elle contient.

► **À la douche !** Entre mi-avril et mi-mai, arrosez les plants avec une **infusion de tanaisie** 3 fois par semaine. Étendez un **filet de protection** au-dessus des carrés d'oignons pendant la même période pour empêcher les pontes.

Le secret de grand-papa : un bon paillage

► **Avec du romarin.** Tout paillage est bon à épandre, car il fait barrière aux mouches qui ne peuvent pondre au ras du sol ou dans le collet de la plante. Si vous en disposez, réalisez-en un à base de branches et de feuilles de romarin.

► **Avec du charbon de bois.** De la même façon, vous pouvez étaler du charbon de bois entre les rangs d'oignons. Mais il vous faudra ruser avec la mouche en laissant quelques plants non traités. Ils servent de leurre aux mouches, qui s'y précipitent et épargnent les autres. Ça vaut bien le sacrifice de quelques oignons !

PLUS TEIGNEUX QUE LA TEIGNE

Les larves blanches de ce gros* PAPILLON *grignotent les feuilles, puis toute la plante. Ouvrez l'œil dès le mois de mai ! Par bonheur, les infusions de tanaisie ou la culture en alternance de carottes sont des astuces qui fonctionnent aussi contre la teigne. Rappelons que respecter la rotation des cultures et l'assolement est un mode de prévention élémentaire : attendez 3 ou 4 ans avant de cultiver l'oignon au même endroit.

LE TERRIBLE VER DU HANNETON

Concernant le hanneton, grand-père ne dit trop rien. Il grignote les feuilles des arbres, mais sans conséquence. En revanche, sa larve est une calamité : racines de fruitiers, de pomme de terre, de navet, de betterave, de carotte... tout y passe ! Alors grand-père guette le retour des « années à hannetons », tous les 4 à 5 ans.

BON À SAVOIR

La **cétoine** est répandue dans le sud du pays, on peut voir sa carapace vert métallique sur les arbustes. Sa larve, contrairement à celle du hanneton, est inoffensive et même utile dans le compost. Pour une identification facile, placez la larve au sol : celle du hanneton se déplace sur ses pattes, celle de la cétoine avance par reptations répétées sur le flanc.

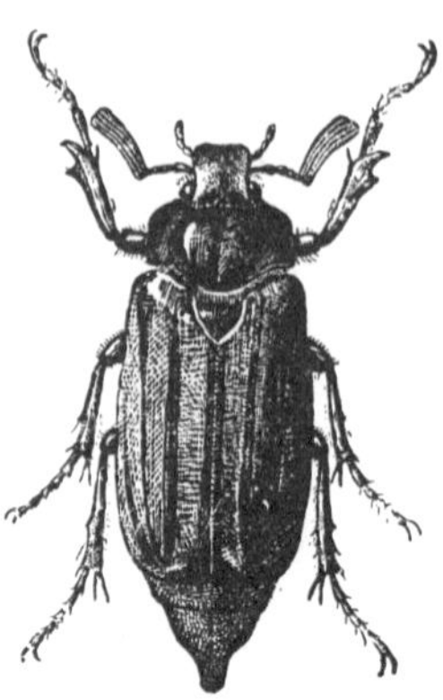

Déléguer la lutte

▶ **Aux petites mains.** Le moyen le plus rudimentaire et le plus efficace pour se débarrasser des hannetons est de récolter les formes adultes, ce qu'on appelle le **hannetonnage.** Autrefois, cette corvée était réservée aux enfants, après l'école, qui attachaient l'une des pattes d'un malheureux à une ficelle pour le faire voler en rond dans un vrombissement de petit moteur. Inutile de dire qu'aujourd'hui, il est très dur de captiver les enfants avec cette distraction !

▶ **Au hérisson.** Favorisez la présence d'un hérisson (voir p. 60). Ce glouton est un grand dévoreur de larves !

L'assaut final pour détruire l'ennemi

▶ **Un phare dans la nuit.** Placez une source de lumière (tube fluorescent de 8 watts) à proximité d'une bassine posée au sol, à la tombée de la nuit. Les hannetons sont attirés par la lumière et s'y noient. Vous pouvez également déposer la source de lumière dans un piège en forme d'entonnoir.

▶ **La racine du problème.** Le moyen le plus efficace pour exterminer les hannetons est de vous en prendre à ses larves. Des binages superficiels, au printemps, détruisent les œufs et les larves, ces dernières sont dévorées par les oiseaux. Sachez toutefois qu'en automne, elles sont enfouies en profondeur, inutile donc d'intervenir !

▶ **Le labour d'été.** Cette pratique a surtout cours dans le Sud, en juillet et août. Elle permet d'exposer les larves, les parasites et les graines des mauvaises herbes à la chaleur du soleil. Du coup, en septembre, il faut fumer le sol pour régénérer les réserves et la microfaune.

LE DOUBLE VISAGE DU PERCE-OREILLE

Grand-papa ne serait-il pas un peu lunatique ? Certains jours, il peste contre les perce-oreilles (pourtant pas dangereuses comme bestioles, jamais une seule n'a troué d'oreille !) et d'autres, il est tout content de les voir en nombre. Soyons honnête, ce n'est pas dans le même contexte à chaque fois !

Le jardinier en embuscade

▶ **Les pièges.** Pour piéger les forficules (l'autre nom des perce-oreilles), déposez au sol de grands morceaux de **carton ondulé,** de **planches de bois**, de **fagots de rameaux** ou de **paille.** Bref tout ce qui présente des recoins et qui retient l'humidité ! Une solution classique consiste à remplir un petit pot avec de la paille et de le poser retourné sur un piquet. Les perce-oreilles y grimpent pour s'y réfugier.

▶ **La saison de la chasse**. Éliminez-les avant juillet, avant leur accouplement, mais épargnez-les fin août. De toute façon, une grande quantité de mâles sera anéantie par le froid. Détruisez-les entre la fin du printemps et la fin de l'été, la période où deux voire trois générations peuvent se succéder.

Tirer partie des captifs

▶ **Dans le compost.** Surtout ne jetez pas les perce-oreilles capturés ou, plutôt, dans le composteur ! En grignotant les déchets végétaux, ils sont les premiers acteurs de la longue chaîne de décomposition. Ils fournissent des microdéchets qui seront dégradés à leur tour par la microfaune, les champignons, puis les bactéries. Température et humidité élevées : le compost est un endroit de rêve pour les forficules, les adultes et les larves y abondent !

▶ **Le médiateur du jardin.** Les perce-oreilles dévorent les œufs et les larves des insectes, les acariens, les limaces et les escargots. Dans le rôle de proie, ils servent de nourriture aux carabes, d'autres insectes utiles !

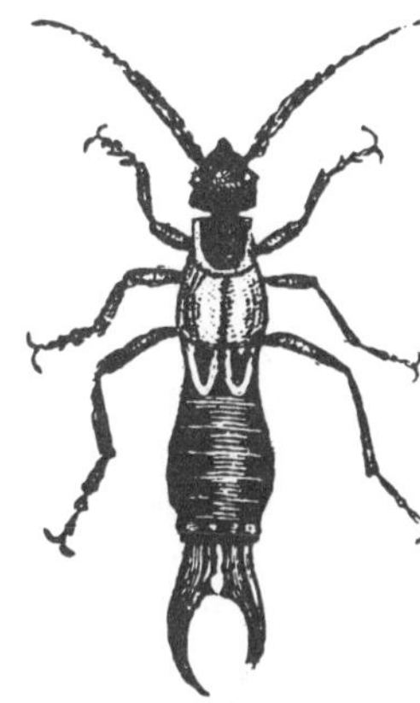

SES METS FAVORIS

Il grignote tout et sans arrêt ! Au verger, il mange les fruits mûrs, pommes, poires, abricots, pêches... Au potager, il dévore les jeunes pousses, betteraves, choux, choux-fleurs, salades... Et au jardin d'ornement, il se délecte des pétales de fleurs. Il est donc nécessaire d'arbitrer sur sa présence !

LA POURRITURE GRISE

On ne la remarque pas immédiatement par l'ampleur de ses dégâts. Mais un plant par-ci, un fruit par-là, une fois les comptes faits au jardin, la pourriture grisc finit par peser sur les récoltes ! Elle s'en prend d'ailleurs à plus de 200 plantes différentes. Ça commence à faire beaucoup !

LA POURRITURE NOBLE

La VIGNE *est décidément une culture bien à part, car la pourriture grise est recherchée par les vignerons. Mais pas à n'importe quel moment ! Le champignon se développant sur les grains de raisins puise l'eau contenue dans les baies et concentre les sucres. C'est ce qui fait la réputation des vins blancs liquoreux notamment. Au passage, la maladie prend du galon : elle est rebaptisée « pourriture noble ».*

Un petit champignon

▶ **Le *Botrytis cinerea*.** Ce champignon est la cause de cette maladie observée dès le printemps mais surtout au moment de la récolte des fruits et des floraisons. Il s'attaque aux feuilles et provoque l'apparition de taches. Il s'en prend également aux jeunes pousses feuillées, aux fleurs et aux fruits. La pourriture grise est le nom de la moisissure qu'elle développe. Elle est feutrée, de couleur grise ponctuée de petits points noirs à un stade avancé.

▶ **En embuscade.** Ce champignon pathogène, dit « de faiblesse », s'attaque aux plantes manquant de vigueur mais aussi aux tissus morts. Il hiverne sur les feuilles mortes ou encore vertes, sous forme de spores, et attend que la chaleur et l'humidité reviennent pour se développer.

Les méthodes pour s'en prémunir

▶ **Obligatoire !** Respectez le principe de la **rotation** des cultures et surtout de l'**assolement** (le délai prévu entre deux cultures d'une même espèce).

▶ **Les bonnes pratiques culturales.** Évitez les **engrais** trop riches en azote, surtout au printemps : les plantes poussant trop rapidement sont plus fragiles. Limitez les **binages** et les **griffages,** ils participent à la dissémination des spores. Arrosez toujours au pied des plantes **sans éclabousser** le feuillage et intervenez le matin pour que le soleil sèche la surface du sol et empêche la dissémination du champignon. **Paillez** les fraisiers pour éviter le contact avec le sol.

▶ **Les solutions naturelles.** Du printemps à l'automne, pulvérisez tous les 15 jours un **purin de prêle** (voir p. 16) dilué à 20 % pour renforcer la résistance des plantes. Plantez de l'**ail** à proximité des plantes sensibles, car il prévient de nombreuses maladies fongiques.

Chapitre 4

MON GRAND-PÈRE JARDINE MALIN

UNE PHARMACIE AU JARDIN

Mon grand-père affiche jusque-là une belle santé... « Touchons du bois rond », comme cela se dit dans les campagnes en empoignant le manche d'un outil pour conjurer le mauvais sort. Depuis le temps qu'il échange avec ses voisins, il connaît toutes les plantes bénéfiques pour la santé et en cultive certaines.

▲ *Grande mauve*

BON À SAVOIR

Dans le catalogue des plantes diurétiques, rien de mieux qu'une bonne infusion de **queues de cerise,** un remède vieux comme le monde! Autour du jardin, prélevez également quelques pieds d'**ortie** et des rhizomes de **chiendent,** de **pissenlit,** des feuilles de **bouleau** et toutes les parties du **sureau noir.**

Contre les troubles de l'intestin

▶ **Les plantes digestives.** Elles sont consommées sous forme d'infusion après le repas. Il s'agit la plupart du temps des pousses feuillées et fleuries, plus rarement des racines, fraîches ou séchées. Cultivez la **menthe,** le **fenouil** et l'**aneth** (pour leurs fruits), un peu de **mélisse,** un pied de **romarin,** un pied de **thym** et de la **sauge.** Toutes ces plantes aromatiques sont déjà au jardin pour la cuisine! Plantez un pied de vraie **absinthe** *(Artemisia absinthium),* à ne pas confondre avec toutes les armoises décoratives.

▶ **Les plantes carminatives.** En plus d'améliorer la digestion, elles luttent contre les ballonnements, le météorisme, la production de gaz intestinaux. La meilleure plante reste le **fenouil officinal,** celui qui pousse sur les talus, à cultiver en bisannuelle pour récolter ses graines (ce sont en fait des fruits), plus efficaces que les autres parties de la plante. Vous pouvez les mélanger avec celles de l'**aneth.**

Les alliées de la santé

▶ **La vigne** *(Vitis vinifera).* En treille ou en rangée, libre ou adossée à un mur ou un muret, la vigne fait partie des petits fruitiers à cultiver presque partout dans le pays. Privilégiez les vignes rouges, dites « teinturier ». Faites infuser 1 cuillerée de feuilles sèches dans une tasse d'eau bouillante et buvez de 1 à 3 tasses par jour pour soulager tous les symptômes liés à une mauvaise **circulation sanguine,** le **syndrome prémenstruel** et ceux de la **ménopause.**

▶ **La mauve sylvestre ou grande mauve** *(Malva sylvestris).* Elle pousse spontanément dans les jardins, les friches, sur les bords de chemins. Infusez les feuilles et les fleurs, à raison d'une poignée par litre d'eau, pendant 10 minutes et buvez à volonté! Le mucilage de la mauve est un bon **laxatif** et un **antitussif.** Utilisez-la également contre les **troubles**

digestifs, en **bain de bouche** pour apaiser les irritations ou encore en gargarisme pour traiter les **maux de gorge.**

▲ *Fumeterre*

► **La fumeterre** *(Fumaria officinalis).* Inutile de la cultiver, récoltez cette herbe qui pousse toute seule dans tous les jardins, leurs abords immédiats ou sur les bords de chemins, sous tous les climats (sauf en grande altitude). Faites infuser de 25 à 50 g de tiges feuillées dans un litre d'eau bouillante pendant 15 minutes. Buvez 2 ou 3 tasses par jour pour une meilleure **digestion** et pour lutter contre l'**aérophagie.**

► **Le plantain lancéolé** *(Plantago lanceolata).* Il pousse tout seul dans les jardins, dans leur voisinage, dans les prairies et sur les bords des chemins, dans tout le pays. Faites macérer 60 g de feuilles dans 25 cl d'eau pendant toute une nuit. Filtrez et buvez dans les 24 heures pour lutter contre les **coliques gastro-intestinales,** les **diarrhées** et les **cystites.** Appliquez également en compresse pour soigner les **furoncles,** les **abcès,** les **eczémas.**

DES AROMATES CONTRE LA TOUX !

*Contre les toux sèches, c'est dans le carré d'aromatiques qu'il faut piocher. Cultivez l'**origan** et la **marjolaine,** à utiliser en fumigation de pousses feuillées. En infusion, elles calment également les maux de tête et d'estomac et traitent les états nerveux. Complétez par quelques pieds d'**hysope officinale.** À découvrir aussi en cuisine sous forme d'infusions. Si par hasard un tapis de **violettes** pousse dans un coin frais, faites-en des infusions de fleurs fraîches. Sachez qu'elles sont également dépuratives et laxatives. Et pensez à semer un grand carré de **coquelicots.***

ZOOM SUR LES PLANTES DÉTOX

Certaines plantes favorisent l'élimination des déchets et des toxines par les urines. La plupart du temps, elles sont prises en infusion. Nul besoin de les cultiver au jardin, mais épargnez-les lors du désherbage. Conservez le plantain, la fumeterre, le pissenlit, le chiendent ou la pariétaire. Récoltez le souci sauvage, le sureau, la chicorée (pour sa racine), l'ortie et la bardane. Et côté culture au potager, utilisez les feuilles d'artichaut (les bractées des capitules, pas les feuilles des plants).

PRODUIRE SES GRAINES

Grand-père a fait son effet avec ses belles tomates, mamie en redemande déjà ! Il sait déjà qu'il en ressèmera dès l'année prochaine. Il sait aussi comment faire pour produire ses graines. Une solution économique qui permet d'être sûr de ne pas en manquer...

BON À SAVOIR

Dans un semis, le sélectionneur retient les individus les plus intéressants selon les critères définis (résistance aux maladies, à la sécheresse). Il fait de même sur sa descendance pendant plusieurs générations afin de resserrer son choix. Au bout de 8 à 10 générations, il obtient une **« lignée pure »**, puis, en croisant deux lignées pures, un **hybride F1** ou **« de première génération »**, cumulant les qualités. Malheureusement, sa descendance (s'il en a une, car il peut être stérile) est hétérogène. C'est pourquoi il faut racheter ses graines tous les ans!

Les règles d'or

▶ **Quelles variétés ?** Elles sont belles ces aubergines ! Et ces melons étaient vraiment délicieux ! Mais voilà, la mention **« F1 »** sur les sachets indique qu'il s'agit de **variétés hybrides** impossibles à multiplier soi-même si l'on souhaite retrouver les mêmes qualités. En revanche, pour toutes les autres, c'est possible et facile. C'est le cas de toutes les **variétés anciennes** de légumes (grand-père, on doit désormais parler de **« variétés fixées »** !).

▶ **Bien choisir le porte-graines.** Il s'agit du plant que vous laisserez fleurir et « monter à graines ». Retenez le plus beau dans vos cultures. Préférez un seul pied plutôt que de récolter un peu de graines sur plusieurs plants, la descendance sera plus homogène.

▶ **Pas de métissage !** Certaines espèces ont tendance à se mélanger (à s'hybrider), c'est le cas des courges, des choux, des oignons et des carottes. Si vous prévoyez de récolter les graines d'une variété, évitez de cultiver en même temps plusieurs variétés de ces légumes. Côté jardin d'ornement, inutile de récupérer des graines des variétés à feuillage panaché, la plupart du temps ce caractère n'est pas transmissible par semis.

Récolter les graines

▶ **Les pièges à graines.** Les bonnes graines sont celles qui sont parvenues à parfaite maturité, correctement séchées et bien conservées.

• Chez certaines espèces de plantes, les graines tombent rapidement après le passage des abeilles (genêts, euphorbes...). Façonnez des cornets de papier rigide et fixez-les sur les tiges florales avec du ruban adhésif pour que les semences y tombent.

• Lorsque les graines du porte-graines sont mûres ou pas très loin de l'être, faites des bottes avec les tiges de celui-ci et suspendez-les la tête en bas pour les sécher dans un lieu ventilé et à l'ombre. Pour ne pas perdre de graines, placez un grand linge en dessous ou empaquetez le tout dans un grand cornet de papier journal.

▶ **Et pour les légumes-fruits ?** Chacun d'entre eux contient une graine. On parle ici de ceux des Apiacées (aneth, fenouil, cerfeuil, etc.). Vous pouvez les semer directement. Récoltez-les lorsqu'ils sont bien mûrs, de couleur brune à noire, et qu'ils se détachent tout seul de la plante.

Assurer la survivance

▶ **Tenez les nuisibles à distance.** Pour éviter de voir vos graines grignotées par des parasites durant leur conservation, placez un peu d'**ail sec en poudre** dans les sachets de semences, le même que celui qui est utilisé en cuisine. Son odeur masque celui des graines et détourne les insectes.

▶ **Mettez à l'abri.** En fonction des espèces, les graines ont une durée de conservation limitée, entre 2 et 5 ans pour la majorité des plantes potagères et à fleurs du jardin. Conservez-les à l'abri de la lumière, de la chaleur et de l'humidité ou, mieux encore, stockez-les dans le bac à légumes du réfrigérateur.

▶ **Cataloguez.** Pensez à étiqueter les sachets de semences en indiquant le nom de la variété et la période de récolte de chaque type de graines.

Les bonnes tomates

Une tomate curieuse, ça se conserve, ça se multiplie et ça s'échange ! Il est donc utile de faire ***ses propres semences.*** *Choisissez les plus beaux fruits et récupérez les graines dans leur jus et leur pulpe mucilagineuse. Placez-les dans un verre, couvrez d'une gaze et laissez au soleil pendant 2 ou 3 jours. Il se forme un feutrage provoqué par la fermentation – due au champignon* Geotrichum candidum – *qui nettoie les graines des bactéries et des agents pathogènes. Rincez les graines abondamment dans un tamis pour les débarrasser de la pulpe, faites-les sécher et conservez-les au sec dans un sachet, au frais et à l'ombre. Les graines gardent leur* ***pouvoir germinatif*** *pendant 4 ans.*

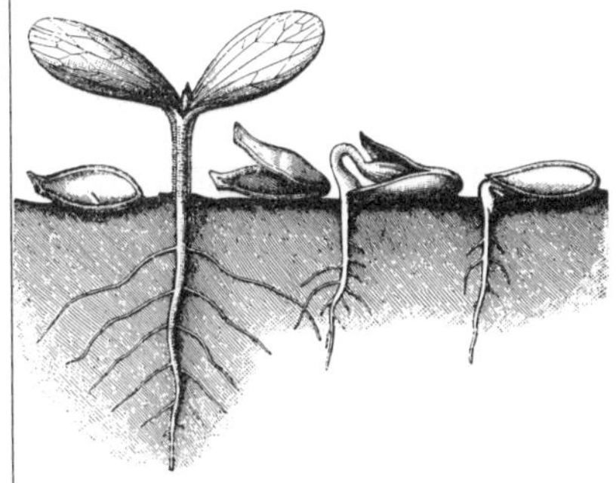

GARDES CHAMPÊTRES POUR LES CHOUX

Pour la production de semences de chou, il faut laisser au moins 2 km entre deux plantations. On ne peut donc pas laisser s'installer des parcelles au petit bonheur. Le Syndicat des producteurs grainiers se réunissait jadis pour décider de la répartition géographique des parcelles de production. La liste était déposée en préfecture et les amateurs n'avaient pas le droit de laisser monter leurs choux à graines. Les gardes champêtres, assistés des gendarmes, veillaient au grain, puis intervenaient pour casser les choux dans les jardins et verbaliser au besoin !

DES BASILICS PARFUMÉS

Laissons les cuisiniers discuter sans fin pour savoir qui, du basilic à grandes feuilles ou de celui à petites feuilles, est le meilleur. Concentrons-nous plutôt sur d'autres variétés, bien plus surprenantes encore, qui viennent élargir considérablement la palette des saveurs.

Un basilic, des basilics

▶ **Basilics à grandes feuilles.** Le basilic de la variété **'Genovese'** fait référence. Il est vigoureux, très parfumé. Ses grandes feuilles vertes sont luisantes et légèrement craquantes. Dans le sud de la France, le **'Marseillais'** est une variété assez proche, avec des feuilles légèrement plus grandes et plus rondes. Il est un peu plus compact et a une meilleure tenue que **'Grand Vert'**. Parmi les curiosités à grandes feuilles, voire même à très grandes feuilles, les jardineries proposent de plus en plus fréquemment **'Mammouth'** et surtout **'À feuilles de laitue'**, de véritables phénomènes de foire aux plantes, avec leur limbe de la taille d'une petite main, fortement cloqué à gaufré. À cultiver comme curiosité, cela fait toujours son petit effet à table !

▶ **Basilics à petites feuilles.** Pour la culture en pot au balcon ou sur un simple bord de fenêtre, **'Finissimo Verde'** est à conseiller. Il est très parfumé et son feuillage très fin se marie admirablement avec un port compact, presqu'en boule parfaite. Une minitopiaire parfumée ! Paré des mêmes qualités et pour le même emploi, le basilic **'Latino'** est moins souvent proposé.

▶ **Basilics à feuillage pourpre.** Ils sont aussi parfumés que les basilics à feuilles vertes. **'Purple Ruffles'** est reconnaissable à ses grandes feuilles dentées et à sa couleur plus claire, légèrement blonde. Cette variété est désormais courante, au même titre que **'Dark Opal'**, fréquemment disponible en jardinerie, sans doute la plus répandue des pourpres. Ses feuilles sont foncées, presque noires si elles sont observées à mi-ombre. **'Pourpre Osmin'** est plus rare. Vous le dénicherez chez les horticulteurs spécialisés dans la production de plantes aromatiques. Il a de grandes feuilles gaufrées, pourpre soutenu, et sa saveur est plus douce.

BON À SAVOIR

Dans la Grèce antique, la coutume était d'**insulter copieusement** les semis de basilic. On pensait alors que la pratique avait la vertu de les faciliter. Il y a plus d'un siècle, le basilic était également appelé « l'oranger des savetiers ». En effet, un pot de cette plante aromatique était jadis cultivé dans chaque échoppe pour masquer l'odeur des vieilles chaussures...

Bouturer du basilic

Les jardiniers habiles oublient le semis pour multiplier leurs basilics et préfèrent le bouturage, au moins pour les plants qui ont des tiges suffisamment développées. À tout moment, au chaud (18-20 °C), il suffit de faire des boutures de tête ***de 10 cm,*** *de couper sous un nœud (le point d'insertion des feuilles) et de repiquer dans un* ***terreau léger****.*

Saveurs d'ici et d'ailleurs

▶ **Basilics parfumés.** Certaines variétés de basilic, en plus de la saveur et de l'odeur dominantes si particulières à la plante, peuvent dégager des parfums étonnants, décelables même par les nez les moins avertis. C'est le cas de **'Cannelle'**, variété idéale pour les riz épicés des plats asiatiques ou les tajines de la cuisine d'Afrique du Nord, ou d'**'Anis'**, à longues feuilles, au parfum nettement anisé, qui trouve une place tout indiquée pour accompagner les plats de poissons, les crudités et les salades d'été. Plus courant, **'Citron'**, encore nommé **'Citriodorum'**, est connu sous l'appellation de « basilic indonésien ». Son parfum très citronné est apprécié pour les mêmes usages. Plus étonnant, **'Réglisse'**, un basilic à petites feuilles, compact et bien équilibré, exhale un parfum bien identifié de réglisse. Beaucoup plus exotique et surprenant, **'Thaï Siam Queen'**, au goût très appuyé, est fréquemment mis à profit dans les plats asiatiques.

Côté déco

▶ **Basilics décoratifs.** Une petite série de basilics assez changeants, que l'on trouve sous le terme variétal **'Spice Boys'**, rassemble des variétés décoratives multiples. Elles sont d'ailleurs quelquefois proposées en mélange. **'Spice Boys Ararat'** est l'une des plus originales. Son feuillage est vert foncé à reflets légèrement métalliques, plus ou moins panaché de pourpre. En outre, il offre une petite pointe d'anis agréable.

FUNESTE BASILIC

Depuis l'origine, le basilic traîne une curieuse dualité : cette plante aromatique médicinale et culinaire est également liée à des rituels associés la mort. **En Inde,** ***il était planté autour des temples et on en glissait un brin dans les mains des morts, pour leur permettre de faire un « bon voyage », après leur avoir frictionné la tête avec de l'huile de basilic.*** **En Égypte,** ***le basilic faisait partie des plantes aromatiques utilisées dans le processus de momification.***

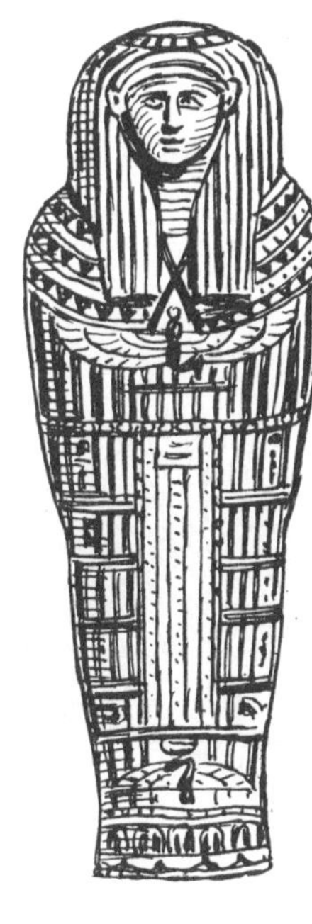

LE HÉRISSON, NETTOYEUR BIO

Il semble avoir mauvais caractère à souffler, grogner, fouiller dans les feuilles et la terre, mais le hérisson rend bien des services au jardin en nous débarrassant d'un grand nombre d'indésirables !

BON À SAVOIR

Ne nourrissez pas le hérisson tout au long de la saison, il en prend vite l'habitude et devient dépendant de vos apports. Il se détourne alors des proies naturelles et présente donc peu d'intérêt pour le jardinier ! Contrairement à une idée répandue, il ne faut pas donner de **lait** à un hérisson, car il lui provoque de terribles diarrhées.

Attendez-le...

Ne récupérez jamais un hérisson dans la nature. Non seulement c'est interdit par la loi, mais il pourrait de plus s'agir d'une femelle à la recherche de nourriture pour ses petits. Tâchez plutôt de l'attirer dans votre jardin. Pour cela, redoubler de patience et de gestes utiles !

▶ **Offrez le gîte...** Le hérisson a besoin d'un abri pendant la belle saison. Un simple **tas de bois ou de feuilles** est suffisant, ainsi qu'une **cagette** ou une **caisse.** Multipliez les dispositifs, car l'animal a la bougeotte !

▶ **...et le couvert.** Le hérisson mange des insectes, des escargots et des limaces, des fruits, des légumes, des chenilles, des œufs, des lézards... Tout ce qui peut participer aux 70 g journalier de sa ration alimentaire ! Faites un gros tas de **compost,** c'est souvent là qu'il se sert en larves dodues et en vers de terre.

Les bons et les mauvais gestes

▶ **Hérisson déboussolé.** Le hérisson est un animal nocturne. Si vous en apercevez un en plein jour, il s'est sûrement égaré. En hiver, le froid peut le réveiller et le déboussoler. Replacez-le dans un endroit chaud (sous un tas de feuilles).

▶ **Attention, danger !** Ne brûlez jamais un tas de feuilles mortes sans vous assurer qu'aucun hérisson ne s'y abrite.

▶ **Pas de turbulences.** Ne séparez en aucun cas un jeune hérisson de sa mère et du reste de la portée. Ne perturbez pas un hérisson pendant sa période d'hibernation.

▶ **Contre les parasites.** Le hérisson est un nid à puces (et à tiques chez les sujets les plus âgés). Vous pouvez déposer sur sa nuque une goutte (pas plus) de produit antipuces, le même que celui pour les chats. Retirez les tiques à l'aide d'une pince à épiler après avoir appliqué un coton-tige imbibé d'éther pendant 1 ou 2 minutes.

INSECTES ET PAPILLONS

Alors que sa génération pulvérisait à-tout-va pour détruire les insectes, mon grand-père a toujours protégé les insectes et les papillons. Un doux rêveur ? Pas du tout ! Car sans butineurs, point de récolte !

Séduire les pollinisateurs

▶ **Avec des espèces mellifères.** Elles **attirent les abeilles** productrices de miel. Semez ou plantez l'aneth, la coriandre, la mélisse, la lavande, la sauge, le thym, la sarriette et les aromatiques de manière générale, l'angélique, le panais, le souci, la grande camomille, l'aster, le doronic, la capucine, le lierre, la belle-de-jour. Parsemez les abords du jardin d'espèces sauvages comme la berce commune, le maceron, la carotte sauvage, la pâquerette, le pissenlit, le lamier blanc et rouge et le souci des champs.

▶ **Diversifier les plantations.** Un potager bien tenu accueille une trentaine d'espèces différentes, mais c'est trop peu pour les pollinisateurs. Complétez l'offre en plantant **des fleurs et des plantes aromatiques** entre les cultures. Lorsque vous semez des engrais verts, choisissez dans la mesure du possible de la **phacélie** ou du **trèfle.**

▶ **Attirer les papillons.** Ces espèces leur sont plus spécifiques : la monnaie-du-pape, la julienne-des-dames, la marguerite, la capucine, le souci, la valériane rouge, le népéta, la verge d'or, les œillets, l'œillet d'Inde, la lavande, le framboisier, le buddleia, les menthes, la ciboulette, le thym, l'aneth et les aromatiques de manière générale. Côté plantes sauvages, semez ou laissez en place le maceron, le trèfle-des-prés, le séneçon, la reine-des-prés, le lotier, l'ortie, la ronce, la centaurée.

Sachez aussi que les papillons, ce sont d'abord des chenilles ! En attirant les premiers, on multiplie les secondes, grandes dévoreuses. Laissez un petit coin en friche pour y déposer les chenilles et leur permettre de grignoter à l'écart.

▶ **Et dans l'assiette ?** Déposez de petits récipients de **sirop de sucre de canne** pour attirer les guêpes et les abeilles (loin de la maison !). Placez également une **éponge imbibée d'eau** au bout d'un piquet. Elle servira de buvette aux papillons, qui ont souvent du mal à se désaltérer.

TOUS AUX ABRIS !

Plutôt que d'acheter des « HÔTELS À INSECTES » tout prêts du commerce, multipliez les petits endroits où les insectes peuvent nicher. Plantez le deutzia, le sureau, le bambou, la ronce, le framboisier et le roseau (ils possèdent des tiges creuses). Taillez régulièrement quelques branches pour laisser apparaître des sections de tige. Dispersez des petits fagots dans le jardin. Percez quelques bûches ou une souche de trous de différents diamètres, ils serviront d'abris.

JARDINER AVEC LA LUNE

Pourquoi mon grand-père a-t-il toujours le nez fourré dans son calendrier ? C'est un retraité actif, certes, mais il ne me fera pas croire qu'il a un emploi du temps de ministre ! En réalité, il jardine en tenant compte de l'influence de la Lune pour planifier ses semis, ses plantations et ses récoltes.

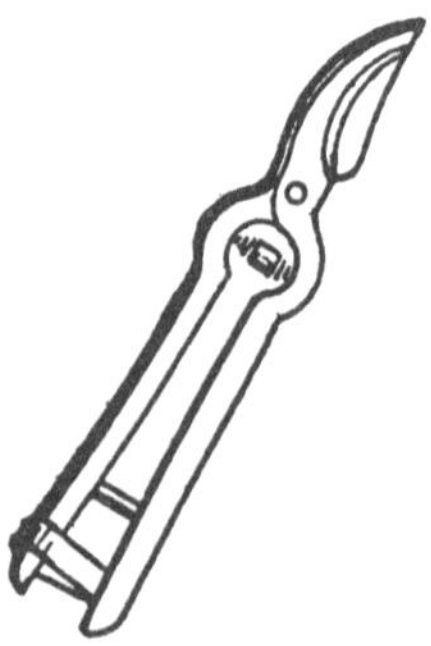

BON À SAVOIR

Parmi les très nombreuses constellations dénombrées dans la voûte céleste (plus de 80 !), ce sont celles du **Zodiaque** qui importent au jardinier dans la mise en œuvre de son calendrier lunaire. Taureau, Gémeaux, Scorpion ou autre Bélier ne vous prédiront pas votre horoscope (rien à voir !), mais plutôt votre tâche au jardin !

Les phases lunaires

► **Approche simplifiée pour les néophytes.** Selon les jours, la Lune semble être plus haute ou plus basse dans le ciel. Pendant environ 13,5 jours, elle apparaît toujours un peu plus haute dans le ciel, on dit qu'elle est **montante (ou ascendante).** À l'inverse, durant les 13,5 jours suivants, la Lune est un peu plus basse dans le ciel, elle est dite **descendante.** (Attention, ne confondez pas avec la Lune croissante et décroissante, ce qui fait l'objet d'une autre leçon.)

► **Le jardin en Lune montante.** La sève monte vers les branches et cette circulation de bas en haut est accrue. Ces jours-là sont bénéfiques à tout ce qui se passe au-dessus du sol. C'est le bon moment pour le **greffage,** pour les **semis,** pour la **pousse des branches,** pour **récolter** de bons fruits juteux, pour **couper** les fleurs à bouquets.

► **Le jardin en Lune descendante.** La sève regagne davantage les racines. La période est propice à toutes les parties souterraines. Il faut alors **repiquer, planter, bouturer** mais aussi **tailler** en prévision du retour de la Lune ascendante pour la repousse, **récolter** les légumes-racines, **marcotter, travailler le sol, faucher** et **enfouir** les engrais verts.

LE CALENDRIER LUNAIRE

Pour vous faciliter la tâche, il existe un calendrier lunaire qui répertorie tous les ***renseignements utiles au jardinier*** *de façon très simple. Il est disponible dès le mois de septembre pour l'année à venir et, bien entendu, il change d'une année sur l'autre (voir aussi* Mieux jardinez avec la Lune, *aux éditions Larousse).*

De l'influence des constellations

▶ **Dis-moi par où tu passes.** Les plantes réagissent différemment en fonction de la constellation devant laquelle la Lune passe, ce qui provoque des effets sur les feuilles, les fruits, les racines et les fleurs. Certaines d'entre elles doivent donc être prises en compte dans le calendrier du jardinier.

▶ **Les constellations de terre** (Taureau, Vierge et Capricorne). Elles favorisent les **plantes-racines** et, de manière plus large, le système racinaire. Lorsque la Lune passe devant ces constellations, occupez-vous de tous les légumes poussant sous terre (radis, carotte, pomme de terre, panais, ail, ciboulette, oignon, salsifis), des bulbes en général (dahlia, crocus, narcisse, etc.), mais aussi des endives produites en cave, de la barbe-de-capucin…

▶ **Les constellations d'air** (Gémeaux, Balance et Verseau). Elles ont une bonne influence sur les **fleurs** au sens large. Si la Lune « est en Gémeaux », récoltez les fleurs pour les bouquets secs, semez les espèces fleuries annuelles, plantez les bulbes à fleurs, bouturez les plantes vivaces fleuries et, au potager, occupez-vous de l'artichaut, du cardon, du chou-fleur et des aromatiques fleuries (bourrache, capucine, coquelicot, etc.).

▶ **Les constellations d'eau** (Cancer, Scorpion et Poissons). Elles sont bénéfiques aux **feuilles.** Lorsque la Lune passe devant ces constellations, on est en **« jours feuilles »**. Semez ou tondez le gazon, semez et repiquez les légumes-feuilles (salade, épinard, céleri-branche, chicorée, tétragone, etc.), les condimentaires herbacées (persil, coriandre), les poireaux et les choux. Taillez les haies de conifères et de feuillus.

▶ **Les constellations de feu** (Bélier, Lion et Sagittaire). Leur influence est positive sur les **fruits** et les **graines.** Pendant les **« jours fruits »**, récoltez les fruits, plantez les petits fruitiers (fraisier, framboisier, cassissier, etc.), semez et récoltez les légumes-graines (pois, haricot, fève, etc.) et les légumes-fruits (tomate, poivron, aubergine, melon, concombre, courge et courgette). Greffez les arbres fruitiers.

DES JOURS AVEC ET DES JOURS SANS

La Lune bienveillante ménage des journées ou des demi-journées de pause où il serait néfaste de jardiner. Au nombre de 3 à 5 par mois, elles correspondent à des moments de la course de la Lune sur son orbite. En tournant autour de la Terre, elle dessine un ovale. Tous les 14,5 jours, elle est au plus proche de nous (à 350 000 km tout de même !), on dit qu'elle est au « périgée ». Et 14,5 jours plus tard, elle a à son point le plus lointain (à 400 000 km), à son « apogée ». Par ailleurs, la Lune coupe le plan de rotation de la Terre autour du Soleil, appelé plan de l'écliptique, 2 fois par mois. Ces périodes sont appelées « nœuds lunaires ».

Crédits des illustrations

PAPIER À BASE DE FIBRES CERTIFIÉES

LAROUSSE s'engage pour l'environnement en réduisant l'empreinte carbone de ses livres. Celle de cet exemplaire est de :
250 g éq. CO_2
Rendez-vous sur www.larousse-durable.fr

Pour les éditions Larousse, le principe est d'utiliser des papiers composés de fibres naturelles, renouvelables, recyclables et fabriquées à partir de bois issus de forêts qui adoptent un système d'aménagement durable. En outre, les éditions Larousse attendent de leurs fournisseurs de papier qu'ils s'inscrivent dans une démarche de certification environnementale reconnue.

Imprimé en Espagne par Macrolibros SL, Valladolid
Dépôt légal : avril 2016
317482/03 - 11034403 - novembre 2016